W0231205

Jürgen Dollase
Kulinarische Intelligenz

Für Bärbel, Sophie und Sheila

Tre Torri

Kulinarische Intelligenz
von Jürgen Dollase, Mönchengladbach

Herausgeber: Ralf Frenzel
© 2006 Tre Torri Verlag GmbH, Wiesbaden
www.tretorri.de

Umsetzung: CPA! Communications- und Projektagentur GmbH, Wiesbaden
www.cpagmbh.de

Die CPA! ist Mitglied der Deutschen Akademie für Kulinaristik, und fördert Slow
Food Deutschland e.V.

Gestaltung: G. Bittner, Wiesbaden
Reinzeichnung: P. Winkelmann, Wiesbaden
Druck & Bindung: GGP Media GmbH, Pößneck

Printed in Germany

ISBN: 978-3-937963-33-4

Haftungsausschluss: Die Inhalte dieses Buches wurden von Herausgeber und Verlag sorgfältig
erwogen und geprüft. Dennoch kann eine Garantie nicht übernommen werden. Die Haftung des
Herausgebers bzw. des Verlages für Personen-, Sach- und Vermögensschäden ist ausgeschlossen.

Inhalt

Inhalt

Einleitung

Dieses Buch ist für und nicht gegen etwas geschrieben. Es ist dafür geschrieben, dass wir uns im kulinarischen Bereich endlich einmal unserer eigenen Möglichkeiten vollständig bewusst werden und unsere Intelligenz und unsere Sinne einsetzen, um über ein wesentlich intensiveres Verhältnis zur Nahrung und zum Genuss unseren Beitrag zur Entwicklung einer besseren kulinarischen Kultur zu leisten.

Wir sind heute in einer ganz merkwürdigen Situation. Viele Informationen, die wir über Nahrungsmittel und das Essen bekommen, sind negativ. Würde man sie auch noch nach ihrer Wichtigkeit im öffentlichen Bewusstsein bewerten, müsste man zu dem Schluss kommen, dass fast die gesamten Informationen über diesen Bereich negativ sind. Was bewirken schon ein paar schöne Bücher oder einige appetitlich fotografierte Rezepte, wenn gleichzeitig im Fernsehen oder in den Zeitungen ein Skandal den nächsten jagt und sich alle Diskussionen nur darum zu drehen scheinen, wie schlimm doch alles ist. Meldungen erzeugen ein Bild von der Welt, und wenn alle Meldungen schlecht sind, entsteht das Bild einer schlechten Welt. Sie könnten dem jetzt entgegenhalten, dass es noch nie so viele Kochsendungen im Fernsehen gegeben und das Interesse an kulinarischen Dingen doch eigentlich einen neuen Höhepunkt erreicht hat. Natürlich hätten Sie formal mit dieser Bemerkung Recht. Aber ist es denn wirklich so, dass dort ein positives Gegengewicht entsteht? Oder ist es nicht so, dass die vielen populären Vereinfacher uns wieder nur etwas wegnehmen, nämlich die wunderbare Weite und Komplexität der Beschäftigung mit dem Essen? Geniale Vereinfachungen sind eine Sache, die nur den ganz großen Meistern der Zunft vorbehalten ist. Das weiß jeder seriöse Koch. Will man dem Publikum wirklich erzählen, dass sich die Kochkunst in ein paar lustigen Handgriffen erschöpft? Es scheint ein wenig so, als sei die ganz normale Rolle des Konsumenten die eines Opfers, dem man immer wieder schlimme Dinge zufügt. Wenn das Opfer dann zum Einkaufen geht und der Blick über die Regale eines Supermarktes schweift, ist immer wieder eine Abteilung dabei, um die man gerade einen Bogen machen muss. Die Reaktionen nach einem neuen „Skandal" kennt der Handel mittlerweile. Es kommt zu einem Einbruch beim Konsum, der sich aber nach erstaunlich kurzer Zeit wieder erledigt. Während Sie diese Zeilen lesen, gibt es vermutlich in Deutschland mehr BSE-Fälle als zur „besten" Zeit des Skandals. Trotzdem redet niemand mehr darüber. Das Ergebnis der immer wieder neuen Nahrungsmittelskandale ist ganz offensichtlich eine Art Fatalismus: Da kann man sowieso nichts dran machen, was sollen wir tun. Also kauft man vielleicht einmal eine kurze Zeit lang etwas mehr „Bio", bis in irgendeiner Sendung davon berichtet wird, dass auch bei „Bio" geschummelt wird.

Bevor man überhaupt überlegen kann, welche Alternativen sich vielleicht anbieten könnten, fällt noch eine weitere Schwierigkeit auf. Für fast alle Sachen rund ums Essen reklamieren wir, dass es eben „Geschmackssache" sei, also unser Verhalten im Prinzip niemanden etwas angehe. Abgesehen davon, dass es in unserer Welt keine solchen „Privatsachen" gibt, ist dies auch eine fatale Form der Verweigerung. Wer in seinem Kopf beim Essen eine Mauer einzieht, schadet nicht nur sich, sondern uns allen. Warum, werden wir weiter hinten im Buch sehen. Abgesehen davon darf man vielleicht auch einmal darauf hinweisen, dass eine solche Haltung in anderen Bereichen des Lebens nicht gerade das Kennzeichen eines solide denkenden und funktionierenden Menschen ist.

Die Konsequenz zur Verbesserung der Lage kann nur der Aufbau von kulinarischer Kompetenz sein. Wissen ist auch beim Essen Macht. Wissen über gute Produkte und über die ganze Mechanik des Umgangs mit dem Essen ist ganz eindeutig der Schlüssel zu einem anderen Verhalten. Nur mit einer verbesserten kulinarischen Kompetenz werden wir wieder zu Handelnden und haben eine Chance, unsere Opferrolle zu verlassen. Das ist – darum sollte man gar nicht herumreden – mit einem stärkeren Engagement in diesem Sektor verbunden. Da helfen dann auch nicht die Fluchten ins Food-Entertainment, sondern nur noch das Aufsammeln von Informationen, wirkliches Interesse und auch eine gewisse Verlagerung des Konsums in diesen Sektor. Aber – keine Angst, hier geht es nicht um Verschulung und Überproblematisierung, sondern um die Diskussion, wie man sich die phantastische Welt von Essen und Genuss weiter aufschließt. Wenn man so will, ist das Food-Entertainment wie ein Spielsalon, bunt und rappelig. Wenn man Essen und Genuss aber wirklich in seiner ganzen Breite erlebt, ist das großes Kino. Mit einem kleinen, aber wichtigen Unterschied: Dieses große Kino findet bei Ihnen im Kopf und in Ihrer unmittelbaren Umgebung statt. Wo hat man das sonst schon?

Für den Aufbau kulinarischer Kompetenz braucht man ein wichtiges Werkzeug, über das bisher nie geredet wurde. Es ist kein spezieller Herd, kein Küchenlexikon oder sonst etwas Käufliches. Es ist die kulinarische Intelligenz. Es geht eben nicht nur um die Aufnahme von Informationen, sondern auch darum, sie möglichst richtig zu bewerten und einzuordnen, also um einen intelligenten Umgang mit den Informationen. Es geht also nicht nur darum, irgendeinem Geheimtipp zu glauben und nur noch die Äpfel einer bestimmten Sorte zu kaufen, sondern darum, grundsätzliches Verständnis über Qualitäten und ihre Erzeugung zu gewinnen und von dieser Basis aus sich selbst auf die Suche nach dem jeweiligen Stand der kulinarischen Wahrheit zu machen. Nur so werden wir nicht mehr zum Spielball von Leuten, die mit uns ihr Geschäft machen wollen oder – präziser ausgedrückt – gegen uns.

Die kulinarische Intelligenz befähigt uns, wichtige Zusammenhänge zu erfassen, und das nicht nur mit dem Blick auf die Warenwelt, sondern auch mit dem Blick auf uns selber, auf unsere kulinarische Sozialisation, auf den Grund für unser Verhalten, auf das Unglück mit den Abneigungen und auf das Glück mit den kulinarischen Höhepunkten. Mit einer gut entwickelten kulinarischen Intelligenz beginnen wir, unsere kulinarische Welt zu ordnen, und werden dadurch vielleicht selber zu einer wichtigen Triebkraft für eine bessere Ordnung unserer Umwelt. Wer weiß, was gut ist, und damit umgehen kann, wird automatisch nicht mehr zu minderwertigen Industrieprodukten greifen. Und – wird ein solcher Mensch nicht mit seinen Kenntnissen und Fertigkeiten zu einer Attraktion für seine Familie oder seine Freunde? Die wirkliche Alternative zur Degeneration unserer kulinarischen Umwelt sind nicht allein gute Produkte oder Restaurants, sondern der Mensch, der damit bewusst und gut umgehen kann.

In einem kulinarisch intelligenten Verhalten liegt ein enormes Potential zur Veränderung vieler Aspekte unseres Lebens.

Was ist kulinarische Intelligenz?

Der Begriff „Intelligenz"

Um den Begriff der „Intelligenz" ranken sich immer viele merkwürdige Gerüchte. Ihr gemeinsames Kennzeichen ist, dass sie nie zu einer konkreten Vorstellung davon führen, was das denn eigentlich sei. Da werden Kinder als „überdurchschnittlich intelligent" bezeichnet, und wir fragen uns vielleicht, warum sie denn dann in der Schule versagen. Sind sie wirklich „unterfordert" (wie es in solchen Fällen gerne heißt)? Wäre es nicht vielleicht ein Zeichen von Intelligenz, wenn sie mit einer solchen Situation trotzdem gut umgehen könnten? An anderer Stelle hören wir dann, dass man bei einem Intelligenzquotienten von mehr als 140 Punkten von Genies spricht und dass es Leute gibt, die einen Quotienten von 200 haben. Etwas verständlicher wird die Lage, wenn man sich die grobe Verteilung in der Bevölkerung ansieht. Ungefähr die Hälfte hat einen IQ von 90 bis 109 und damit eine durchschnittliche Intelligenz. Nur 2 Prozent haben über 130 (= extrem hohe Intelligenz), was bei einer Bevölkerung von 80 Millionen aber immerhin 1,6 Millionen Leute ausmacht. Etwa 25 Prozent sind mehr oder weniger unterdurchschnittlich intelligent. All das bleibt ziemlich abstrakt. Nicht so abstrakt sind dagegen die Intelligenztests. Wer so etwas schon einmal mitgemacht hat, wird wissen, dass die jeweiligen Aufgabenblöcke in der Regel einfach beginnen und dann immer schwieriger werden und dass für die Tests oft (aber nicht immer) ein Zeitlimit vorgesehen ist, dessen Einhaltung man sich bisweilen kaum vorstellen kann. Viele Kandidaten sind sich zum Beispiel sicher, dass sie mit mehr Zeit mehr Aufgaben erledigen könnten, also doch nicht nur deswegen eine niedrigere Punktzahl bekommen sollten, weil sie – bei zeitgebundenen Tests – etwas mehr Zeit für die Aufgaben brauchen. Ich erinnere mich an ein Gespräch mit einem recht hochrangigen Ingenieur, der sich unter anderem deshalb über die Intelligenztests beschwerte, weil er selber einen vergleichsweise moderaten Intelligenzquotienten erzielt, dabei aber in den „technischeren" Teilen des Tests hervorragend abgeschnitten hatte und nur bei den im weiteren Sinne sprachlichen Abteilungen schlechter weggekommen war. Seine Beobachtung ist richtig. Der eigentliche Intelligenzquotient setzt sich aus der Befähigung zum Denken in sehr verschiedenen Bereichen zusammen. Da geht es um sprachliches Verständnis, um Rechnen, um das Ziehen von richtigen Schlussfolgerungen, um Gedächtnis oder um räumliches Denken. Bei den Ergebnissen zeigen sich dabei häufig spezielle Befähigungen, die aber nicht unbedingt zu einem hohen Intelligenzquotienten führen. Es kann also sein, dass wir ein mathematisches Genie vor uns haben, das dennoch einen nur etwas erhöhten IQ hat, weil es in anderen Sparten eher unterdurchschnittlich begabt ist. Und so ist es nur logisch, dass für spezielle Tätigkeiten meist spezielle Eignungstests existieren, die nach diesen speziellen Fähigkeiten suchen und damit ausschließen, dass nur der Intelligenzquotient eine Rolle spielt. Automatisch bedeutet das natürlich auch, dass der IQ nicht so übermäßig aufschlussreich ist – vielleicht mit der Einschränkung, dass sehr hohe und sehr niedrige Quotienten nur bei wirklich bemerkenswert guten oder schlechten Leistungen erzielt werden. Wer zum Beispiel einen sehr hohen IQ hat, besitzt normalerweise in vielen oder allen Unterabteilungen auch recht gute Fähigkeiten.

Aber noch einmal zurück zu der oft eine Rolle spielenden Geschwindigkeit. Es müsste jetzt deutlicher sein, dass jemand, der für eine bestimmte Art des Denkens besonders geeignet ist, die Aufgaben schnell durchschaut und zügig löst. Er wird also zu Recht einen höheren Wert bekommen als der, der sie nur mit Mühe löst. Müssen wir jetzt also frustriert abwinken und eventuell zu dem Schluss kommen, für die eine oder andere Sache sei man sowieso nicht geeignet?

Nein, ganz so einfach ist es nicht und damit durchaus ermutigend. Die Psychologen kennen zusätzlich auch noch Aspekte, die man vielleicht „praktische Intelligenz" nennen könnte. Sie haben vor allem etwas mit Erfahrung zu tun. Die praktische Intelligenz nährt sich aus dem, was man im Leben auf irgendeine Weise an Kenntnissen und Fertigkeiten gesammelt hat, ohne dass man von Anfang an mit einer speziell dafür geeigneten Sparte der Intelligenz schon alles frühzeitig verstanden hätte. Da mag dann in einer Firma ein junger Ingenieur mit phantastischen Plänen für eine neue Fertigungsanlage kommen und doch nur von den

Technikern belächelt werden. Im Gegensatz zu ihm wissen diese zum Beispiel, dass der von ihm eingesetzte Werkstoff für Teile der Maschine viel zu schnell verschleißt, außerdem nur in China hergestellt wird und die Beschaffung nicht zuverlässig organisiert werden kann. Daraus ließe sich also folgern, dass eine ideale Verbindung die von einer guten intelligenten Substanz und einer guten praktischen Intelligenz wäre. Die Substanz sorgt dafür, dass wir ohne allzu große Schwierigkeiten etwas verstehen, eine gut verarbeitete Erfahrung rundet die Sache ab und führt zu zuverlässigen Erkenntnissen. Wenn man einmal sein eigenes Verhältnis zu bestimmten Aspekten des Lebens betrachtet, lässt sich meistens sehr schnell feststellen, wo also im Bereich der praktischen Intelligenz noch etwas zugelegt werden könnte. Rund um das Essen jedenfalls tut sich da ein Fass ohne Boden auf, weil uns hier noch eine Vielzahl von Erfahrungen schlicht und einfach fehlt.

Wissen und Verstehen: Jeder hat seine Chance

Wenn man bei den Intelligenztests noch etwas genauer hinsieht, wird man feststellen, dass die abgefragten Fähigkeiten zum Teil auswendig gelerntes Wissen betreffen (z. B. bei den Rechenaufgaben oder bei der Komplettierung von Wortreihen), zum überwiegenden Teil aber auch die Fähigkeit, bestimmte Zusammenhänge zu erkennen, miteinander zu verknüpfen oder logische Schlussfolgerungen zu ziehen. Wenn wir das in Beziehung zu unserem Alltag setzen, können wir – etwas vergröbernd – zwei Typen von Menschen unterscheiden. Es gibt Leute, die schaffen ihre Arbeit deshalb so gut, weil sie besonders gut dafür geeignet sind, und andere, die das gleiche Resultat nur mit sehr viel Anstrengung erreichen. Dafür gibt es ein sorgenvoll stimmendes Beispiel. Wenn man daran denkt, dass bestimmte Schüler an unseren Gymnasien mit aller Macht versuchen, einen bestimmten Zensurenschnitt im Abitur zu schaffen, um anschließend Medizin studieren zu können, könnte man auf die Idee kommen, dass vielleicht doch der eine oder andere von ihnen nicht wirklich für den Beruf geeignet ist, sondern zum Beispiel in erster Linie den sozialen Status eines Arztes im Visier hat. Welche Art von Medizinern wird dabei herauskommen? Mit ziemlicher Sicherheit werden sie natürlich ein gelerntes Wissen reproduzieren können, also Symptome erkennen und Medikamente verordnen. Was aber machen sie, wenn es nötig ist, ungewöhnliche Zusammenhänge zu erkennen und gegebenenfalls ebenso ungewöhnlich zu reagieren? Dann wäre eine passende Intelligenz gefordert, also die Fähigkeit, auch ungewohnte Zusammenhänge mit einer Art strukturellem Denken schnell zu begreifen. Mit diesem Beispiel ist der Unterschied zwischen Wissen und Verstehen gemeint, zwischen Faktenwissen und systematischem Wissen. Haben wir das systematische Wissen, also die Fähigkeit, Zusammenhänge zu erkennen und richtige Schlussfolgerungen daraus zu ziehen, können wir die nötigen Fakten dazu schnell irgendwo beschaffen. Flapsig sagt man bisweilen dazu: Ich weiß nicht, wie das und das funktioniert, aber ich weiß, in welchem Buch ich nachsehen muss, um das festzustellen. Nun, ganz so einfach ist die Sache natürlich nicht, weil systematisches Verständnis ohne eine ganze Reihe guter Informationen nicht auskommt und außerdem (siehe oben) in der Lage sein muss, die dann eingesammelten Fakten richtig zu bewerten. Aber im Prinzip ist es tatsächlich so, dass das Verstehen einer Sache die eigentliche Basis für alles weitere ist. Selbstverständlich gibt es natürlich auch eine dauernde Interaktion zwischen Wissen und Verstehen, deren Qualität aber eindeutig davon bestimmt ist, wie gut jemand etwas versteht. Wer neues Wissen sofort einordnen und bewerten kann, steigert die Qualität seines Verstehens. Wer das nicht kann, dem nützt auch oftmals ein Wissenszugewinn wenig.

Nun aber genug mit der allgemeinen Theorie. Auf kulinarische Fragen bezogen ergibt sich ein recht eindeutiges und ziemlich merkwürdiges Bild: Sowohl Wissen als auch Verstehen könnten deutlich besser entwickelt sein, die kulinarische Intelligenz ist also allgemein nicht besonders ausgeprägt. Wenn man einmal von dem Wissensstand eines normalen Professionals der Branche ausgeht, verstehen viele Leute vom Essen ausgesprochen wenig. Wenn man das mit einem Schreiner vergleicht, wäre das so, als wenn der Laie nur so viel versteht, dass er ein Brett sägen oder einen Nagel in Holz schlagen kann, nicht aber so viel, dass er auch nur ein einfaches Regal konstruieren und ausführen könnte. Das Beispiel mag hinken oder nicht, es hat einfach einen wahren Kern. Mehr versteht der Normalbürger einfach vom Essen nicht, und es ist ihm vielfach noch nicht einmal bewusst. Jetzt werden Sie möglicherweise zu Recht denken, dass Sie der Bau eines Regals auch überhaupt nicht interessiert. Gut. Aber mit dem Essen haben wir jeden Tag von morgens bis abends zu tun, es hat eine wichtige Rolle in unserem

Privatleben wie im gesellschaftlichen Leben. Außerdem geht es nicht allein ums Kochen, sondern um das gesamte Leben mit dem Essen. Es ist einfach unverständlich, wie sehr wir in diesem Sektor ein ganz normales Verhältnis zu Wissen und Verstehen vernachlässigt haben, wie wenige spezifisch kulinarische Probleme wir lösen können und wie wenige Zusammenhänge wir im kulinarischen Sektor begreifen.

Eine interessante Frage ist dann natürlich, ob man in diesem Bereich eine hervorragende spezielle Intelligenz braucht (also ungefähr das, was man allgemein „Talent" nennt) oder ob man auch mit der genannten, erst mit der Zeit erworbenen „praktischen" Intelligenz sehr weit kommen kann. Die Antwort muss differenziert ausfallen. Einerseits ist es in diesem Fach sicherlich so wie in allen anderen Fächern auch, es gibt also hier wie dort speziell Geeignete.

Andererseits spielt die praktische Intelligenz hier eine sehr große Rolle, und das Verstehen gestaltet sich bis hin zu erheblichen Fortschritten aller Art vergleichsweise unkompliziert.

Vor allem aber dürfen wir eines nicht vergessen. Es ist alles nicht so schlimm, wie es vielleicht im ersten Moment wirkt. Falls etwas aussieht wie ein Berg, kann das auch daran liegen, dass man sehr niedrig steht. Wenn uns fast alle Grundlagen fehlen (unter anderem vielleicht deshalb, weil wir sie weder zu Hause noch in der Schule mitbekommen haben), müssen wir eben mit gewissen Anlaufschwierigkeiten rechnen. Also: Es besteht kein Grund zur Verzweiflung. Im kulinarischen Sektor kann jeder ganz erstaunliche Fortschritte machen. Machen wir uns also auf die Suche nach dem, was kulinarische Intelligenz ist – von den Details beim Kochen über Spekulationen zur kulinarischen Intelligenz von Spitzenköchen bis zu einer neuen, intelligenten Art des Essens.

Zum Beispiel: Die Tomatensuppe

Am Beginn der Konkretisierungen zur kulinarischen Intelligenz und zum kulinarischen Denken steht erst einmal die Praxis. Wir brauchen dazu kein kompliziertes Gericht und auch keine speziellen Produkte. Schon an einem einfachen Beispiel mit einer Tomatensuppe lässt sich erstaunlich viel erkennen. Sie müssen dazu auch nicht unbedingt an Ihren Herd gehen und alles ausprobieren, worüber wir gerade nachdenken wollen. Unter Umständen ist es sogar von Vorteil, wenn Sie einmal versuchen, sich das, was gerade im Topf passiert, auch einfach nur vorzustellen. Besser ist natürlich das praktische Ausprobieren, weil nur so das trainiert werden kann, was vielleicht das Wichtigste bei der Sache ist: selber etwas schmecken, selber darüber nachdenken und selber entscheiden, was da eigentlich abläuft.

Wir haben also ein paar Tomaten von ganz normaler Qualität vor uns. Sie sind gewaschen, und wir wollen eine Tomatensuppe daraus machen. Eine Suppe ist flüssig, folglich müssen wir die Tomaten in einen flüssigen Zustand überführen. Wir könnten sie also – dass sie viel Saft haben, wissen wir schließlich – entsaften. Haben wir damit aber auch ein gutes Aroma oder haben wir durch die Trennung von Fruchtfleisch und Saft zu viel Verlust? Untersuchen Sie einmal die Tomate. Schneiden Sie die Tomate in Viertel und trennen Sie das Fruchtfleisch von den Kernen und dem geleeartigen Material. Sie werden feststellen, dass das intensivste Aroma nicht im eigentlichen Fruchtfleisch, sondern in den Kernen etc. zu finden ist. Aber – heißt es nicht immer, man soll die Tomaten entkernen und nur mit dem Fruchtfleisch weiterarbeiten? Wenn Sie noch genauer hinschmecken, könnten Sie auch noch feststellen, dass das immer wieder angesprochene Enthäuten der Tomate ebenfalls kontraproduktiv ist, weil in der Schale ebenfalls mehr Aroma zu finden ist als im Fruchtfleisch. Halten wir also fest: Sowohl das Enthäuten als auch das Entkernen der Tomate nimmt wesentliches Aroma weg. Wir können für unsere Suppe auf beides verzichten. Sollten wir die Tomaten also vielleicht komplett pürieren und nur den grünen Stielansatz herausschneiden? Dann hätten wir eine Flüssigkeit, in der alle Aromen der Tomate vereint sind, und brauchten sie vielleicht nur noch zu erwärmen. Ein professioneller Koch, der seine Standards in einer genormten, an der klassischen Küche orientierten Ausbildung gelernt hat, würde zweifellos auf diese Idee erst gar nicht kommen. Aber – machen Sie dieses Experiment ruhig einmal. Halbieren Sie einige Tomaten und entfernen Sie den grünen Stielansatz. Dann grob würfeln und mit dem Mixer gründlich pürieren. Wenn Sie diese Flüssigkeit probieren, werden Sie feststellen, dass sie ganz einfach nach rohen Tomaten schmeckt. Wonach auch sonst? Was soll dann dieser kleine Ausflug? Ganz einfach. Sie sind dabei, einem ziemlich speziellen Effekt auf die Spur zu kommen. Dazu müssen wir jetzt ein wenig vorgreifen und darauf hinweisen, dass eine frische Tomatensuppe normalerweise mit angeschwitzten Tomatenwürfeln, also von Anfang an mit Hitze gemacht wird. Wenn Sie aber nun unsere pürierte Tomate so vorsichtig erhitzen, dass die Flüssigkeit nie kocht, wird sie immer nach frischer Tomate schmecken – egal was Sie später noch dazutun, um eine schöne Suppe zu bekommen! Wenn Sie die Tomaten aber von Anfang an erhitzen, werden sie dieses Frischearoma sofort verlieren. Auf so was stößt man, wenn man sich einfach einmal direkt mit den Dingen beschäftigt und nicht immer versucht, irgendein Rezept nachzukochen.

Aber zurück zu unserer Suppe, die wir hier für unsere Forschung ganz klassisch angehen wollen, um typische Punkte bei der Herstellung eines schönen Gesamtgeschmacks kennen zu lernen. Wir nehmen nun die vom Stielansatz befreiten und grob gewürfelten Tomaten, geben etwas Olivenöl in einen kleinen Topf (ca. 3 EL Olivenöl für 3 gewürfelte Tomaten), erhitzen es auf eher mittlerer Hitze und fügen die Tomatenwürfel hinzu. Was wird passieren? Wenn das Öl schon sehr heiß war, wird es stark zischen, weil der Tomatensaft verdampft. Geht dabei eigentlich Aroma verloren? Nun, eigentlich schon, sonst würde es ja in der Küche nicht immer so gut riechen, wenn man kocht. Dabei kann es durchaus auch schon einmal passieren, dass die Küche besser riecht, als das Essen hinterher schmeckt. Wir sollten uns also darauf konzentrieren, nicht unnötig unsere besten Aromen sinnlos aufs Spiel zu setzen, und braten die Tomaten deshalb nur zurückhaltend an. Die Tomatenwürfel sind nun im Topf und werden dank des Ölfilms, auf dem sie liegen, nicht anbrennen. Aber wie wird jetzt eine Suppe daraus? Beobachten Sie die Tomaten weiter und rühren Sie dabei ab und zu um. Es passiert das, was man meist „schmelzen" nennt. Die Tomaten geben langsam ihr Wasser ab und lösen sich zu einer Art Kompott auf. Wenn Sie dabei kräftig rühren, hat dieses Kompott unter Umständen (je nach Wassergehalt der Tomaten) schon eine gewisse Ähnlichkeit mit einer Suppe. Probieren Sie nun diese Flüssigkeit. Ich tippe darauf, dass Sie erschrocken sein werden, weil das alles irgendwie dünn, wässrig und vor allem überhaupt nicht so schmeckt, wie Sie es gewohnt sind. Da wir hier präzise über alles nachdenken wollen, müssen wir kurz eine Kleinigkeit einschieben:

Exkurs: Unsere Vorstellungen von einer Tomatensuppe
Wenn wir die geschmolzenen Tomaten probieren, werden wir nicht verhindern können, dass wir sie mit dem vergleichen, was wir in unserem Kopf als Geschmack einer Tomatensuppe gespeichert haben. Wie sieht Ihr Tomatensuppen-Speicher aus? Ist er von Tütensuppen/Dosensuppen bestimmt, so wie sie

in vielen bürgerlichen Restaurants das Bild prägen? Werfen Sie einmal einen Blick auf eine Tüte oder eine Dose. Sie werden feststellen, dass diese Produkte in der Mehrzahl mit Geschmacksverstärkern und/oder künstlichen Aromen hergestellt sind. Wenn Sie sich an den Geschmack erinnern, werden Sie auch vielleicht daran denken, dass diese Suppen meistens recht kräftig schmecken („Müssen Sie probieren. So richtig kräftig", meinte ja schon der junge Franz Beckenbauer zu seinen Knorr-Suppen). Dieses Aroma aber kommt nicht von der Tomate selber, sondern ist „künstlich" erzeugt. In Wahrheit schmeckt man bei diesen Suppen nicht die Tomate, sondern das, was man – fast nur noch unter Beibehaltung einer gewissen Farbe – daraus gemacht hat. Das kann man erst einmal so stehen lassen und muss es nicht kritisieren – zum Beispiel mit Anmerkungen zu einem übertünchten Produktgeschmack usw. Es kann aber auch sein, dass Sie die Tomatensuppe aus einem guten italienischen Restaurant her kennen und sie dort in einem wunderbaren Zustand in Erinnerung haben, vielleicht sahnig-cremig und mit etwas prächtigem alten Parmesan und Basilikum dekoriert. Diese cremige Version ist nicht gerade Tomate pur, sagt Ihnen aber vielleicht besser zu als die stark gewürzte Tüten- oder Dosensuppe. Auch diese Version sollte man erst einmal nicht weiter kritisieren. Wichtiger ist festzustellen, dass wir beim Probieren der Tomatensuppe auf unseren internen Speicher zurückgreifen und dieser Speicher in der Regel nicht durch Informationen gefüllt wurde, die wir wirklich selber und systematisch bei der Arbeit mit der Tomate ermittelt haben. Natürlich muss das auch nicht unbedingt so sein. Aber wenn wir wirklich weiterkommen wollen, sollte beim Probieren ein ganz entscheidender Reflex stattfinden. Wir sollten uns bewusst sein, dass wir probieren, also versuchen, genau zu ermitteln, was wir da vor uns haben, und den automatischen Abgleich mit unseren Vorerfahrungen nicht unmittelbar zur Wirkung kommen lassen. „Lecker" oder „nicht gut" sind keine ausreichenden Antworten, sie nützen weder uns selbst noch sonst jemandem.

Zurück zu unserem Experiment. Das entstandene Tomatenkompott ist natürlich noch keine Suppe, dazu ist es einfach nicht flüssig genug. Dieses Problem könnten wir natürlich beheben, indem wir es durch ein Sieb passieren und gut ausdrücken. Die festeren Bestandteile – damit sind hier Haut und Kerne gemeint – würden im Sieb bleiben, und es bliebe eine etwas flüssigere Menge zurück, deren Aroma aber nach wie vor nicht so richtig befriedigend wäre. Also lassen wir das und versuchen wir es anders, und zwar mit einer Flüssigkeit, die uns ein zusätzliches Aroma verschafft. Da gäbe es zum Beispiel die Möglichkeit, Sahne anzugießen und in Richtung einer Cremesuppe zu arbeiten, deren eher lachsrosa Farbe Sie vielleicht schon aus diversen Restaurants kennen. Die Sahne hat ein uns normalerweise sehr angenehmes Aroma, und die Mischung aus Tomate und Sahne, die sich dann ergäbe, könnte schon die ersten Freunde finden. Allerdings – irgendwie dürfte nach wie vor die Würze fehlen. Sollte man vielleicht erst einmal gründlich salzen und pfeffern? Nein, weil diese beiden Allheilmittel in diesem Zusammenhang einfach zu neutral sind und tatsächlich nur eine gewisse Salzigkeit oder eine gewisse Schärfe produzieren können. Aroma aber ist etwas anderes. Die komplexe Tiefe eines Geschmacks erhalten wir nur, wenn wir sie auch in die Suppe geben und das am besten in einer sehr ausgewogenen Form. Ein gängiger Weg für die häusliche Küche ist die Zugabe eines Fonds/einer Brühe, die man im Handel kaufen kann, in diesem Falle zum Beispiel ein Gemüse-, Hühner- oder Kalbsfond. Warum aber Brühe und nicht Brühwürfel? Für die Würfel gilt fast das Gleiche wie für Salz und Pfeffer. Sie sind eigentlich ein Gewürz, das sehr konzentriert ist und in kürzester Zeit eine Flüssigkeit stark aromatisieren kann. Wenn Sie diese Brühwürfel verwenden, werden Sie geradewegs auf das Geschmacksbild der Tüten- und Dosensuppen hinarbeiten. Mit den Fonds ist es etwas anders. Wenn Sie zu den geschmolzenen Tomatenwürfeln etwas Fond angießen (sagen wir: pro 3 Tomaten 200 ml Fond), passiert zunächst nicht so furchtbar viel. Wenn Sie sofort nach dem Angießen und einem kurzen Aufkochen die Flüssigkeit probieren, wird sie vor allem nach Fond schmecken und irgendwie noch nicht so richtig überzeugen. Wenn Sie aber alles etwas länger köcheln lassen, wird sich die aromatische Lage deutlich verbessern. (*Anmerkung:* „köcheln" bedeutet, die Hitze so einzustellen, dass die Flüssigkeit ganz leicht kocht und nur ab und zu eine Blase wirft). Die Verbesserung hat zweierlei Gründe. Einmal vermischen sich die Aromen sehr viel intensiver, wenn man sie längere Zeit zusammen erhitzt. Zum anderen reduziert sich dabei die Flüssigkeit und wird folglich im Aroma intensiver. Für unseren Ansatz aus Tomaten plus Fond wird also gelten, dass sich nach einer Zeit des Mischens und der Reduktion der Flüssigkeit ein komplexerer Geschmack ergibt. Der Grund ist ganz einfach der, dass diese Fonds das Ergebnis einer anderen Art von „Suppenansatz" sind, bei dem Fleisch und Gemüse und diverse Gewürze langsam in Wasser ausgekocht werden und so ihr Aroma abgegeben haben. Damit man nicht jedes Mal diesen komplexen Vorgang wiederholen muss, verwendet man fertige (oder in der professionellen Küche eventuell auch regelmäßig selbst vorbereitete) Fonds, um das Verfahren abzukürzen. Wir können übrigens auch bei Bedarf die Sahne gleich zusammen mit dem Fond zu den Tomaten geben. Das hätte den Effekt, dass sich das Aroma der Sahne besser mit den anderen verbindet und die Suppe nicht so deutlich (oder penetrant) nach Sahne schmeckt, wie das der Fall wäre, wenn man die Sahne erst nach einer Reduktion des Fonds hineingeben würde. Wir werden gleich noch auf diesen speziellen Effekt zu sprechen kommen.

In dem Moment, wo etwas mehr Flüssigkeit im Topf ist, fängt eine besonders interessante Phase an. Wir können in diese Flüssigkeit allerlei Dinge zur „Infusion" (so der Fachausdruck) geben. Das fängt an bei Lorbeerblättern oder Pfefferkörnern und kann sich auf alle Dinge erstrecken, die in einer Flüssigkeit Aroma abgeben. Im Falle der Tomatensuppe empfiehlt sich zum Beispiel eine Infusion mit Kräutern wie Majoran, Thymian oder Basilikum (oder was immer Sie probieren wollen). Auch ein Stück leicht geräucherter Bauchspeck oder ein Stück Schinken sind nicht schlecht. Der große Vorteil der Infusionen ist der, dass sie hervorragend zu kontrollieren sind. Sie können immer wieder die Suppe probieren und dann eine Entscheidung treffen, wann es für Sie optimal schmeckt. Ein wenig sollte man allerdings daran denken, dass die Suppe durch Verdampfen noch etwas mehr an Konzentration gewinnt. Wenn Sie also in einem frühen Stadium den Eindruck haben, Sie müssten jetzt die Kräuter usw. wieder herausnehmen, weil es schon sehr stark nach Kräutern schmeckt, kann es schon zu viel sein, und die Suppe wird überwürzt. Meister ihres Faches haben für diese Phase natürlich ein trainiertes Händchen und benutzen meist ausgetüftelte Kombinationen von Zutaten. Und nun noch einmal zurück zum frühen oder späten Hinzufügen von Aromen. Es gilt ganz allgemein die Regel, dass man die Aromen, die sich von Anfang an vermischen können, hinterher kaum identifizieren kann, während man Aromen, die man ganz zum Schluss dazugibt, sehr gut identifizieren kann. Wenn Sie ganz zu Beginn etwas trockenen Weißwein in den Suppenansatz gießen, werden Sie hinterher keinen Wein herausschmecken können. Er wirkt dann mehr mit diversen Aromen oder seiner Säure. Geben Sie aber kurz vor dem Servieren zum Abschmecken etwas Wein dazu (in der Menge von einigen Spritzern), wird es auch deutlich danach schmecken. Dasselbe gilt auch für Kräuter oder Gewürze aller Art. Wollen Sie also eine Suppe (oder auch Sauce) mit einem unergründlichen Tiefgang erzeugen, müssen Sie alle Aromen von Beginn an zusammenfügen und ihnen viel Zeit zum Vermischen geben. Soll aber am Ende etwas deutlich herausschmecken – zum Beispiel die schöne Säure einer frischen Zitrone –, müssen Sie dieses Element am Schluss hinzufügen.

Wenn man diese Gedanken rund um die Herstellung einer Tomatensuppe einmal auf ihren Schwierigkeitsgrad hin bewertet, muss man feststellen, dass das insgesamt auf den ersten Blick vielleicht kompliziert aussieht. Tatsächlich kann man aber sehr gut unterscheiden, was dabei kompliziert ist und was nicht. Ein Ansatz mit allen Elementen zu Beginn setzt viel Routine und die Fähigkeit, die Entwicklung der Aromen vorauszuahnen, voraus, ist also nicht ganz so einfach. Der Aufbau mit Infusionen ist aber überhaupt kein Problem, weil durch ständiges Probieren und die Möglichkeit des Entfernens der Elemente quasi alles jederzeit kontrolliert werden kann. In beiden Fällen aber kann das Endprodukt hervorragend werden.

Es gibt in diesem Beispiel noch einen weiteren Zweig der kulinarischen Logik. Man kann sich auch darauf konzentrieren, die Suppe möglichst „tomatig" zu machen und auf allzu viele fremde Aromen zu verzichten. Dazu ist die Grundüberlegung, dass man den Tomatengeschmack verstärkt, und zwar in zweierlei Weise. Einmal wäre dies eine größere Konzentration des Aromas, zum anderen eine subtile Ergänzung des Tomatenaromas mit dem Ziel, alles noch komplexer nach Tomate schmecken zu lassen. Für die Konzentration gäbe es zum Beispiel die Möglichkeit, etwas Tomatenketchup oder Tomatenmark hinzuzufügen. Wenn man das einigermaßen vorsichtig macht, kommt niemand auf die Idee, man hätte dort mit Ketchup gearbeitet. Noch besser ist ein Püree aus getrockneten Tomaten, das man in vielen italienischen Läden finden kann. Dieses Püree hat fast einen „getreidigen" Geschmack und leistet schon in kleinen Portionen (ca. 1 TL auf 500 ml Flüssigkeit) hervorragende Dienste. Alles schmeckt dann wesentlich voller und tiefer. Die subtile Ergänzung des Tomatenaromas ist durch eine Vielzahl von Aromen möglich. Joel Robuchon, ein französischer Spitzenkoch, der bekannt für sehr intelligentes kulinarisches Denken ist, benutzt in seiner berühmten Tomatensuppe übrigens nicht nur Ketchup, sondern auch Tabasco. Ganz erstaunlich gute Dienste tun auch asiatische Elemente wie brauner Reisessig oder etwas sehr vorsichtig eingesetzte Sojasauce. Ich denke, dass wir an dieser Stelle das Tomatensuppen-Beispiel nicht weiterverfolgen müssen. Es dürfte klar sein, dass es sich beim kulinarischen Denken um einen sehr komplexen Vorgang handelt und dass das Verstehen von Vorgängen der Schlüssel zum kulinarischen Erfolg ist. Man kann an sehr viele Einzelheiten denken und mit deren sinnvollem Einsatz sehr gute Resultate erzielen. Die sich auf diese Weise ausbildende kulinarische Intelligenz ist ein systematisches Wissen und Verstehen, das man auf viele ähnliche Situationen in der Küche anwenden kann.

Davon abgesehen könnte man mit den Gedanken zu einer Tomatensuppe noch längere Zeit fortfahren ...

Zum Beispiel: Fleisch braten

Das zweite Beispiel aus der Küchenpraxis befasst sich mit dem Braten von Fleisch. Es wird deutlich machen, wie stark vereinfachend die Ausführungen dazu in Rezepten sind, wie wenig Aussicht auf einen wirklich guten Erfolg man damit hat und dass man mit kulinarischer Intelligenz sehr viel weiter kommen kann. Wenn wichtige Prinzipien und Zusammenhänge verstanden sind, kommt der Rest von selber. In vielen Rezepten heißt es beim Braten von Fleisch immer ziemlich lapidar zum Beispiel „die Filets in etwas Öl bis zum gewünschten Gargrad braten". Nun gut, man kann das so machen und irgendwie einmal ein Filet durchschneiden und nachsehen, ob es schon gar ist. Wahrscheinlicher ist es, dass das Fleisch viel zu stark gebraten wird und eigentlich nur per Zufall einmal in seinem bestmöglichen Zustand auf dem Teller landet. Und wenn dann wieder einmal ein Kotelett trocken und hart aus der Pfanne kommt, sind wieder der Metzger und die industrielle Fleischerzeugung schuld. Bleiben wir doch einmal direkt beim Kotelett. Beim Metzger lag es – mit Knochen – fertig zugeschnitten in der Theke. Das ist natürlich sehr praktisch, weil man zu Hause kaum die Möglichkeit hat, mehrere Koteletts am Stück zu kaufen und sie dann selber zu zerlegen. Aber – wie lange liegen die Koteletts schon da? Haben sie nicht vielleicht schon eine Menge von ihrem Saft verloren und sind – obwohl sie noch einigermaßen gut aussehen – längst halb vertrocknet? Und – was ist eigentlich mit der Dicke? Haben Sie schon einmal darüber nachgedacht, ob diese einen Zentimeter dicke Scheibe überhaupt vernünftig zu garen ist? Zu Hause angekommen landet also das Kotelett mit etwas Fett in der Pfanne und kann eigentlich nicht anders, als viel zu fest werden. Der Grund liegt im Flüssigkeitsverlust (man nennt es oft „Saft", es ist aber in erster Linie Wasser), und zwar in zweifacher Weise. Einmal fehlt dem schon aufgeschnittenen Stück eine uns unbekannte Menge an Flüssigkeit (durch die erwähnte unklare Lagerungszeit), zum anderen geht beim Braten in dieser Form sehr schnell sehr viel mehr Flüssigkeit verloren und das Stück wird fest.

Wenn wir grundsätzlich überlegen, was beim Braten erwünscht ist, kommen eigentlich nur zwei Dinge in Frage: das Erreichen einer bestimmten Innentemperatur des Fleisches (der Gargrad) und die für den Geschmack sehr wichtige Bräunung (in der Fachsprache Maillard-Reaktion genannt), die über ein leichtes Karamellisieren der äußeren Hülle ganz entscheidend für den Geschmack nach gebratenem Fleisch zuständig ist. Das Problem mit dem Wasserverlust ist eigentlich allgemein bekannt, wird aber meistens immer noch völlig abstrus erklärt. Es ist die Rede von „Poren" im Fleisch, die man durch scharfes Anbraten „versiegeln" müsse, damit kein Saft austritt. Tatsächlich gibt es keine Poren im Fleisch, die man versiegeln müsste. Aber durch das scharfe Anbraten geht schon eine Menge an Flüssigkeit verloren, die dann nicht mehr zu ersetzen ist. Was wir beim Braten hören, ist vor allem das Geräusch, das entsteht, wenn der Bratensaft mit dem heißen Fett in Berührung kommt. Je wilder dieses Geräusch ausfällt, desto gefährlicher kann es schon für unser Fleisch sein … (wir reden hier von kurzgebratenen Stücken wie Filets, Schnitzeln usw., bei großen Braten sieht das etwas anders aus). Wenn man also ein zartes Kotelett haben will, sollte man zuerst darauf achten, dass es frisch vom Stück geschnitten wird, vielleicht sollte man sogar das vordere Stück ablehnen, weil es unter Umständen schon etwas länger an der Luft und angetrocknet ist. Saftiges Fleisch sieht auch so aus und hat einfach einen gewissen feuchten Glanz. Dieses Stück sollte man auch nicht lange im Kühlschrank lagern, sondern es zügig verarbeiten. Dazu erhitzt man etwas Butter (zum Fett-Problem kommen wir gleich noch), bis sie leicht aufschäumt, und gibt dann das weder gesalzene noch gepfefferte Stück Fleisch hinein. „Kein Salz und kein Pfeffer?", könnten Sie nun fragen, vor allem weil doch absolut jeder Koch im Fernsehen alles immer schwungvoll salzt und pfeffert. Natürlich wird das Fleisch gesalzen und gepfeffert, aber eben anders und vor allem zu einem anderen Zeitpunkt. Salz entzieht dem Fleisch sofort Flüssigkeit. Wenn Sie das Fleisch großzügig salzen, braten Sie es quasi auf einem Wasserfilm, und es kommt neben dem

Wasserverlust auch noch zu einer verzögerten Bräunung. Der Pfeffer andererseits hat die Angewohnheit, sehr schnell anzubrennen und dabei ein unschönes Aroma zu entfalten. Auch hier kann man wieder auf die Empfehlungen einiger Großmeister zurückgreifen, die vor dem Garen ganz minimal salzen, unmittelbar nach dem Garen pfeffern und erst kurz vor dem Servieren sorgfältig einige Körner Fleur de Sel (die „Salzblume", das beste, meist etwas grobkörnige Salz) auf das Fleisch streuen. Probieren Sie diese Würzung einmal aus, der Effekt ist hervorragend.

Zurück zum Bratvorgang. Es muss das Ziel sein, eine gleichmäßige Bräunung zu erzielen, ohne das Fleisch zu stark zu erhitzen. Also empfiehlt sich eine mittlere Hitze, in der man sorgfältig das Fleisch „koloriert" und es dabei durchaus in einiger Bewegung hält. Wie gesagt: Das Problem ist nicht, das Fleisch gar zu bekommen, sondern es zu übergaren. Was das Bratfett angeht, wird meist davon geredet, dass man zum Beispiel die Butter nicht so ohne weiteres allein für das Braten einsetzen könne, weil ihr Rauchpunkt, bei dem sie ungesunde Elemente entwickelt, zu niedrig sei. Deshalb müsse man mindestens einen Mix aus Butter und Öl, Öl allein oder auch Butterschmalz verwenden, weil diese einen höheren Rauchpunkt haben. Bei der beschriebenen vorsichtigen Garung von kurz zu bratenden Fleischstücken spielt das quasi keine Rolle, weil man auf große Hitze verzichtet. Noch etwas spricht für ein langsameres Garen. Ich hatte anfangs erwähnt, dass man immer davon redet, dass die Garung beendet ist, wenn eine bestimmte Innentemperatur (meist „Kerntemperatur" genannt) erzielt ist. Das stimmt im Prinzip, muss aber sensibel angegangen werden und benötigt eine ganze Reihe von vorausschauenden Überlegungen. Wenn man sich zum Beispiel ein digitales Bratenthermometer vorstellt, das ganz genau anzeigt, wann z. B. die 59 Grad erreicht sind, die für das Stück optimal sind, bedeutet das nur – ganz präzise und eben mit einer gewissen kulinarischen Intelligenz gedacht –, dass das Stück Fleisch in diesem Moment die richtige Innentemperatur hat. Aber – welche Temperatur hat das Fleisch, wenn es – nachdem Sie den Teller angerichtet haben und vielleicht den Wein nachgeschenkt haben – tatsächlich gegessen wird? Vermutlich ein paar Grad mehr, was schon bedeuten kann, dass es nicht so zart ist, wie es sein könnte. Sie müssten das Stück also servieren, wenn es zum Beispiel noch eine Minute braucht, bis es optimal ist. Der Pariser Star-Kreative Pierre Gagnaire ist so ein Koch, der in dieser Weise denkt und deshalb die „Garung auf den Punkt" für eine der schwierigsten Sachen hält. Wenn Sie jetzt weiterdenken, könnten Sie sich fragen, wo denn eigentlich der Grund für dieses diffizile Problem liegt und ob man das nicht anders machen könnte. Das Problem taucht dann auf, wenn ein Stück Fleisch sich sehr schnell der optimalen Kerntemperatur nähert und sich auf diese Weise im Kern schnell erhitzt. Wenn dann der Prozess der Erhitzung gestoppt wird, setzt sich die Hitze im Fleisch dennoch weiter fort, das Fleisch gart also weiter (oder: „zieht nach"). Dieses Problem ist in dem Moment wesentlich geringer, wenn man sich der optimalen Kerntemperatur langsamer nähert. Aus diesem Grund ist heute die gebräuchlichste Gartechnik der professionellen Küche für kurzgebratenes Stücke so, dass man das Fleisch eine Zeit lang gart und es dann an einem warmen Ort und/oder in Alufolie eingewickelt nachziehen lässt. Dabei wird der Temperaturzuwachs im Innern des Stückes abgebremst, und die Innentemperatur nähert sich der optimalen Kerntemperatur nur langsam. Die Profis in besonders gut ausgestatteten Küchen gehen dann noch hin und legen das Fleisch in ein Warmhaltegerät (z. B. „Hold-o-Mat"), das gradgenau eine Temperatur hält und das Fleisch auch längere Zeit genau im gewünschten Zustand bleiben lässt. Das ist der Grund, warum Sie in besseren Restaurants eigentlich immer zartes Fleisch bekommen, und gleichzeitig der Grund, warum in privaten Küchen das meistens nicht so klappt. So weit, so gut, könnte man nun denken. Aber es gibt da noch ein kleines Problem für die ganz speziellen Präzisionsfreunde (die anderen können ja den Text hier etwas überfliegen…). Ein warm gehaltenes Stück Fleisch hat – speziell wenn der Prozess des Warmhaltens etwas länger dauert – eine spezifische Konsistenz, die man mit etwas bösem Willen unter Umständen als gummiartig-elastisch bezeichnen könnte. Auch die äußere Hülle wirkt oft eher etwas matt und nicht gerade so, als hätte man das Fleisch gerade eben erst aus der Pfanne genommen. Aus diesem Grund braten Profis das Fleisch oft vor dem Servieren noch einen Moment in der Pfanne nach. Die dabei entstehende Hitze setzt sich nicht mehr bis ins Innere des Fleisches fort (es bleibt also zart), und von außen wirkt das Fleisch frisch und präsent.

Es gibt auch noch eine weitere Möglichkeit, bei der es weder zu einer Übergarung kommen kann noch die Frische des Bratvorganges verloren geht. Man kann das Fleisch zuerst bei Niedrigtemperatur garen, bis es fertig ist. Dazu begrenzt man die Temperatur des Ofens ganz genau auf die erwünschte Kerntemperatur und brät es erst anschließend in der

Pfanne nach (man sollte allerdings vorher die Präzision der Temperaturanzeige des Ofens mit einem externen Thermometer überprüfen). Diese Umkehrung des „klassischen" Bratvorganges mit dem „Anbraten" am Schluss hat große Vorteile für den nicht so routinierten Koch und liefert hervorragende Ergebnisse.

Und so gilt auch für dieses Beispiel, dass man für wirklich gute Ergebnisse wissen muss, was passiert, und nicht einfach etwas auswendig lernen sollte.

Wie hoch ist die kulinarische Intelligenz von Spitzenköchen?

Die beiden Beispiele mit der Tomatensuppe und dem Braten von Fleisch hatten die Aufgabe, die Bedeutung der kulinarischen Intelligenz bei scheinbar ganz simplen Zubereitungen in der Küche zu erläutern. Wie aber sieht es dann bei den Großmeistern der Zunft aus? Haben sie sozusagen automatisch eine absolut hervorragende kulinarische Intelligenz, oder kann man das durchaus differenzierter sehen? Die Beantwortung dieser Frage hat eine ganz klare Bedeutung für den Hobbykoch: Wenn man sie so beantworten müsste, dass unsere Meisterköche ganz einfach Genies sind, die ihren Rang nur erreicht haben, weil sie über ein extrem spezielles Talent verfügen, wäre jeder Versuch, auch nur annähernd etwas Ähnliches zu realisieren, von Anfang an zum Scheitern verurteilt. Würde man andererseits behaupten können, das sei alles durchaus irgendwo und irgendwie nicht ganz außer Reichweite, sähen die Chancen für ähnliche Taten und vor allem die Motivation dazu sehr viel besser aus.

Ich möchte einmal – vorübergehend – eine interessante These vertreten, die aus dem Nachdenken über meine Beobachtungen entstanden ist. Die These lautet: Die Anzahl der Küchengenies hält sich ziemlich in Grenzen. Der Grund ist vergleichsweise einfach zu benennen. Wir befinden uns in der Spitzenküche in einer Phase der Ausweitung. Es wird weltweit probiert und experimentiert, die Stile vermischen sich, und mit der Vermischung verschieben sich unsere Vorstellungen von Qualität ganz erheblich. Die klassisch-französische Haute Cuisine ist nicht mehr der alleinige Maßstab für die Küchen der Welt, und all dies führt dazu, dass die Vorstellung von einer genialen Küche völlig neue Formen angenommen hat. Wir können heute weltweit erst eine begrenzte Zahl von Köchen benennen, die wirklich neue Impulse geben und gleichzeitig eine unglaubliche handwerkliche Qualität realisieren. Meiner Erfahrung nach kann man selbst die Köche mit drei Michelin-Sternen nicht selbstverständlich zu dieser Gruppe zählen. Für diese Behauptung gibt es natürlich Gründe. Ein Grund sind zum Beispiel die Qualitätsmaßstäbe, die sich die Köche selber geben. In ihrer eigenen Sehweise und unter strengsten Maßstäben betrachtet (es geht da meist um die Produktqualität, Garzeiten, Würzungen und vor allem neuartige Elemente), gibt es nur ganz selten einmal irgendwo ein wirklich perfektes, abgerundetes Menü. Wenn einer der Meisterköche den anderen besucht, sind die Meinungen zur Qualität des Kollegen oft erstaunlich kritisch (sie äußern sich in der Regel nur dann dazu, wenn man ihnen versichert, sie nicht namentlich zu zitieren). Man nennt Stärken, aber immer wieder auch Schwächen. Ich kann mich jedenfalls nur an ganz wenige Beispiele erinnern, wo mir ein Spitzenkoch gesagt hat, er hätte da oder dort wirklich perfekt gegessen. Insofern brauche ich hier also nicht nur auf meine eigenen Einschätzungen zurückzugreifen. Wie kommt das, was passiert hier, und hat das vielleicht etwas mit der kulinarischen Intelligenz zu tun?

Es gibt da ein merkwürdiges Phänomen. Immer wieder erlebe ich, dass neben ganz hervorragenden Gerichten auch solche auf den Tisch eines absoluten Spitzenrestaurants kommen, wo ich mich frage, wie denn so ein Qualitätsunterschied möglich ist. Da gibt es etwa einerseits ausgetüftelte Kompositionen mit vielen verschiedenen Elementen, die perfekt aufeinander abgestimmt sind, und andererseits simple Gerichte, die man in exakt der gleichen Qualität auch bei wesentlich schwächer eingestuften Köchen bekommt. Ein Beispiel: Da verpackt jemand die empfindlichen Langustinen in minimal krosse Teigblättchen, die weder Textur noch Aroma des Hauptproduktes überdecken und ein wunderbares Esserlebnis möglich machen. Und dann kommt im gleichen Restaurant ein mit Vanille aromatisiertes Stück Kalbsbries auf den Tisch, in das gleich zwei Vanillestangen mit dem Ergebnis gesteckt wurden, dass das (ebenfalls sehr empfindliche) Kalbsbries völlig von einem penetranten Vanillearoma übertüncht wird. Natürlich könnte man den Grund für solche Missverhältnisse im Küchenpersonal suchen und die typische, arbeitsteilige Küchenorganisation in professionellen Küchen dafür verantwortlich machen. Der Chef kann eben nicht alles selber machen, und wenn dann irgendetwas mal nicht so zart oder versalzen ist, kann das einfach einmal passieren. Auch wenn diese Erklärung plausibel klingt, bleibe ich bei der Frage: Ist dies ein Versehen, oder gibt es dafür grundsätzliche Gründe?

Ich glaube, dass es sie gibt. Trotz aller spektakulären Entwicklungen in der Kochkunst in den letzten rund zwei Jahrzehnten ist die Arbeit vieler Köche noch extrem handwerklich ausgerichtet. Das bedeutet vor allem auch, dass sie die typische Laufbahn eines Handwerkers eingeschlagen haben. Der Jungkoch ist dann eben jemand, der sich fürs Praktische interessiert oder – was sehr häufig der Fall ist – aus einer Gastronomenfamilie stammt. Da wird im Zweifelsfalle nicht viel nachgedacht, sondern mit angefasst, und es dominiert ein Tagesablauf, in dem wegen der vielen Arbeit kaum einmal Zeit für größere Überlegungen ist und schon gar nicht dafür, größere Mengen von Büchern zu lesen. Die Ausbildung der jungen Köche ist klar strukturiert und konzentriert sich ausschließlich darauf, das Handwerk gründlich zu erlernen. Kreativität ist dabei kein Thema, es geht um eine klare Liste von klassischen Techniken und Zubereitungsformen, die erlernt werden müssen. Wie gart man ein Huhn im Ganzen, wie stellt man eine Sauce Hollandaise her, oder wie macht man eine Mousse au Chocolat? Ein großer Teil der gelernten Köche wird sein Leben lang mit diesen Basiskenntnissen auskommen. Selbst wenn der Koch seinen Küchenmeister macht, gibt es nicht viel von den im engeren Sinne kulinarischen Problemen und Möglichkeiten zu bedenken. Viel wichtiger ist hier, wie man auch größere Aufgaben (wie z.B. eine große Hotelküche oder die Küche eines Krankenhauses) ökonomisch sinnvoll und kulinarisch korrekt in den Griff bekommt. Auch der Lebensweg eines Spitzenkochs weicht nicht automatisch von dieser ausschließlich reproduktiven, handwerklichen Linie ab. Es ist dann eben nicht nur die korrekte Garung zum Beispiel eines Lammrückens, sondern ein differenzierteres Handwerk, bei dem man weiß, was denn nun ein Spitzenprodukt unter den Lämmern ist und wie man ein Maximum an Aroma und Zartheit realisiert. Auch das wird von dem angehenden Spitzenkoch – im Prinzip wie ganz zu Beginn der Lehre – von einem Ausbilder (der in diesem Fall vielleicht ein internationaler Spitzenkoch ist) gelernt und übernommen, und zwar durchaus ohne groß darüber nachzudenken. Und so kann es passieren, dass selbst absolute Spitzenköche, die regelmäßig für ihre Kreativität gelobt werden, über bestimmte Elemente ihrer Arbeit noch nie nachgedacht haben. Sie machen vielleicht ihre Saucen noch immer so, wie es schon vor Jahrzehnten gemacht wurde, und kommen überhaupt nicht darauf, dass die „klassischen" Fonds durchaus nicht naturgesetzlich sind, sondern in einer bestimmten Zeit mit einer bestimmten Küche entstanden sind und heute längst nicht überall eingesetzt werden müssten. An dieser Stelle könnte man also einhaken und bezweifeln, dass alle Spitzenköche automatisch eine hoch entwickelte kulinarische Intelligenz haben. Ihnen fehlt teilweise einfach das regelmäßige Reflektieren über ihre Arbeit, deren Stellung im Vergleich zu aktuellen Entwicklungen, deren Perspektive oder auch einfach der Gedanke darüber, wie man die eigenen Kreationen noch optimieren könnte. Mittlerweile (aber noch nicht sehr lange) gibt es eine ganze Reihe von Köchen, die begonnen haben, einen individuellen Stil zu entwickeln, der ihren eigenen Gedanken über die Küche entspricht. Meister wie die Franzosen Marc Veyrat, Michel Bras oder Olivier Roellinger und erst recht die neuen Kreativstars aus Spanien mit Ferran Adria an der Spitze verwenden mittlerweile zum Beispiel so gut wie keine klassischen Fonds mehr, weil sie erkannt haben, dass auch ohne diese eine sehr gute Küche gemacht werden kann. Sie und andere Köche haben alternative Garverfahren entwickelt (Veyrat brät teilweise in Teflon-Pfannen ohne Fett!), eigene Gewürzmischungen erfunden und vor allem das Geschmacksspektrum erheblich ausgeweitet (Michel Bras benutzt eine Unmenge von Kräutern und Pflanzen, die buchstäblich vor seiner Haustür wachsen). Sie haben sich Gedanken gemacht, haben Informationen aus aller Welt aufgenommen, haben durch Reflexion auf ihre Arbeit und die Arbeit der Köche dieser Welt ungewöhnliche Dinge erfunden oder – ein ganz spezielles Gebiet – eine völlig neue Form der Struktur in ihre Gerichte gebracht, die deutlich mehr auf die sensorischen Möglichkeiten des Essers eingeht (siehe dazu im Kapitel über die ausgeweitete Sensorik). Obwohl wir erst am Anfang der kreativen Entwicklung der Küche stehen, sind heute schon die Unterschiede zwischen den Köchen mit nicht so komplex ausgeprägter kulinarischer Intelligenz und solchen mit hoher kulinarischer Intelligenz sehr deutlich zu erkennen.

Aber – bedeutet das nun, dass die ausgeprägte kulinarische Intelligenz auch bessere Gerichte hervorbringt? Die Antwort auf diese Frage kann nur differenziert ausfallen und nicht pauschal mit „ja" beantwortet werden, weil in diesem Falle auch größere historische und stilistische Zusammenhänge berücksichtigt werden müssen. Da ist einerseits das

Problem, dass eine solche intelligent aufgebaute Küche erst einmal allgemein anerkannt werden müsste. Sie tritt mit ihrer meist geschmacklich deutlich andersartigen Struktur gegen tradierte Geschmacksvorstellungen vom guten Essen an. In der klassisch orientierten Spitzenküche gilt zum Beispiel eine sorgfältig entbeinte, mit einer Farce und mit Gänsestopfleber gefüllte Taube als ein typisches Objekt guter Küche. In gewisser Weise ist dies ein charakteristisches Geschmacksbild für einen Küchenstil, der sich mittlerweile weltweit verbreitet hat und der immer mit der „klassisch-französischen Haute Cuisine" in Verbindung gebracht wird. Ein aromatisches Bild dieser Art gilt – immer vorausgesetzt, es ist sehr gut ausgeführt – als anerkannt gut. Es hat sich in vielen Details über die Jahrzehnte (in diesem Falle ist es sogar noch deutlich mehr) entwickelt und ist optimiert worden. Quasi alle Köche und sehr viele Gourmets haben sich diesen Qualitätsmaßstab zu Eigen gemacht. Es wird sich also unter den Fachleuten kaum jemand finden, der behauptet, die Kombination von Stopfleber und Taube sei unsinnig und würde nicht gut schmecken. Und trotzdem muss man die Sache relativ sehen. Auch die anerkannteste Geschmacksvorstellung hat sich erst im Laufe einer gewissen Zeit gebildet und ist an konkrete Umstände gebunden. So wie wir vielleicht japanische Delikatessen wie Haifischflossen nur in Ausnahmefällen als besonders attraktiv bezeichnen, wird es auch sehr viele Menschen geben, die mit der Taube nichts anfangen können. Unsere Wertigkeiten, die wir dem Essen beimessen, sind also kulturell bedingt und keine Naturgesetze. Das ist die eine Sache. Wenn wir wieder zur Diskussion neuer Entwicklungen zurückkehren, stellt sich also die Frage, inwieweit größere Differenzierung und tiefere Gedanken grundsätzlich eine höhere Wertigkeit ergeben. Oder – etwas vereinfacht ausgedrückt: Kann ein simpel gebratenes, aber hervorragend schmeckendes Huhn so gut sein wie ein bis in feinste Details durchdachter Teller eines Michel Bras, den man am besten mit äußerster Konzentration isst, um alle Nuancen mitzubekommen? (Rufen wir uns an dieser Stelle noch einmal in Erinnerung, dass das eine von einem Küchenhandwerker gemacht sein könnte, der einfach nur sein Handwerk hervorragend beherrscht, aber sich sonst keine tieferen Gedanken macht, das andere aber von einem Denker der Kochkunst.) Die Antwort muss eindeutig „ja" lauten, weil eine perfekte Arbeit eine perfekte Arbeit ist und sich nicht durch Kompliziertheit oder sonst wie geartete Differenzierungen auszeichnen muss. Allerdings kommt jetzt ein großes „Aber": Man sollte sich schon bewusst sein, dass eine Perfektion der alten Art (was jetzt nicht abwertend gemeint ist) und die mit viel kulinarischer Intelligenz aufgebaute Perfektion der neuen Art aus den beschriebenen Gründen nebeneinander bestehen müssen. Die eine wie die andere Seite sollte das erkennen und auf Gleichberechtigung bestehen oder sich für Toleranz einsetzen.

Man kann die „alte" Perfektion vielleicht mit Dingen in den anderen Künsten vergleichen, womit man zum Beispiel bei Mozart auskommt. „Die kleine Nachtmusik" hat bei weitem nicht die Komplexität und Fülle an ausgetüftelten Ideen wie eine Symphonie von Gustav Mahler. Und trotzdem kann sie als genialer Wurf gelten, der in seiner Klarheit kaum zu übertreffen ist. Das haben wir natürlich auch in der Kochkunst, und zwar bis auf den heutigen Tag, allerdings mit der Einschränkung, dass es meist nur einzelne Gerichte oder sogar nur Elemente sind, die einem solchen Anspruch genügen.

Auch wenn eine solche Folgerung völlig klar erscheint und damit in allgemein akzeptabler Weise hervorragende Leistungen aller Epochen und Stile nebeneinander stehen könnten, sollte man noch einmal kritisch einige andere Aspekte bedenken. Es scheint mir heutzutage außerordentlich wichtig zu sein, gerade die kulinarischen Dinge in ihrer gesellschaftlichen Auswirkung und Position zu sehen. So wie eine bestimmte Art von Massenkonsum eine bestimmte, in vielerlei Hinsicht bedenkliche Massenproduktion zur Folge haben kann, hat auch die hoch entwickelte Kunst-Küche unter Umständen negative Folgen. Es liegt zum Beispiel eine Form von Dekadenz darin, dass in vielen Gourmetrestaurants von einem Kalb nur zwei oder drei der besten Stücke verwendet werden oder eine unterschwellige Verachtung für die regionale, bodenständigere Küche gepflegt wird. Unter ökologischen Gesichtspunkten ist es höchst bedenklich, wenn auf bestimmte Kreationen in einem Gourmetrestaurant 10.000 Flugkilometer entfallen, um alle Materialien zu beschaffen, die man dort verarbeitet. Ist es in diesem Zusammenhang wirklich ein Zeichen kulinarischer Intelligenz, wenn man in Deutschland von Sylt bis in die Alpen die gleichen, international zusammengekauften und stilistisch – pardon – eher kopierten als individuell entwickelten Gerichte zu essen bekommt? Solche Fragen sollten auch unseren Spitzenköchen bewusst sein oder bewusst werden und zu klaren Konsequenzen führen.

Es gibt noch einen weiteren Punkt, der etwas mit den aktuellsten Entwicklungen der Kochkunst zu tun hat. Vor allem durch die Arbeit des spanischen Avantgarde-Kochs Ferran Adria wurde in den letzten Jahren die Aufmerksamkeit darauf gelenkt, dass der Mensch über die Wahrnehmung eines allgemeinen Geschmacks hinaus sehr viel differenziertere Esserlebnisse haben kann (siehe auch das Kapitel „Essen lernen"). Diese Erlebnisse beziehen sich auf die Wahrnehmungen, die über die Wahrnehmung von Aromen im engeren Sinn (süß, sauer, bitter usw.) hinausgehen. Das sind zum Beispiel Texturen (hart, weich, kross usw.) oder Temperaturen in allen Abstufungen und vor allem deren Zusammenspiel. In meiner „Geschmacksschule" habe ich darüber ausführlich geschrieben. Es zeigt sich, dass kulinarische Kreationen, die auf diese viel komplexeren Wahrnehmungsmöglichkeiten eingehen, ein deutlich andersartigeres und viel komplexeres Esserlebnis produzieren können.

Der „normale" Konsument, der noch nie in entsprechenden Spitzenrestaurants gegessen hat, kennt diese Effekte in geringerem und gröberem Umfang eigentlich ebenfalls (z. B. bei einem Hörnchen aus Waffelteig mit Eis), nimmt sie aber meist noch nicht bewusst wahr. Außerdem wird es in diesem Sektor erst dann wirklich interessant, wenn damit subtil und gezielt gearbeitet wird. Wie dem auch sei: Man könnte nun die Ansicht vertreten, dass diese gerade eben erst in der Erforschung begriffene Art des Essens und der Essenszubereitung eine wirkliche Neuentwicklung ist, die einfach das Potential des Menschen stärker nutzt und deshalb besser ist, weil sie ein Fortschritt ist. Dass es tatsächlich so ist, mag man auch daran erkennen, dass ein wesentlich verfeinerter und bewussterer Umgang mit unserem Essen auch insgesamt sehr positive Auswirkungen für das Verhältnis zum Essen, zu Qualität oder zur Umwelt haben kann. Und so kann man vielleicht dann eben doch davon ausgehen, dass ein Koch mit einer gewissen kulinarischen Intelligenz diese Entwicklungen zumindest nicht außer Acht lässt.

Qualität begreifen: Die Unterscheidung zwischen gut und schlecht

Von richtigem und falschem Qualitätsbewusstsein

Die Überschrift zu diesem Kapitel könnte den Eindruck erwecken, hier käme nun ein diktatorisch vorgetragenes Weltbild, in dem glasklar gesagt wird, was gut und schlecht ist. In meinen Augen wäre eine solche undifferenziert vorgetragene Behauptung immer in Gefahr, zu einem falschen Qualitätsbewusstsein zu werden. Man wird sehen, warum das so ist ...

Wer also bestimmt eigentlich, was Qualität ist und warum man eine bestimmte Menge Salz in das Kochwasser der Kartoffeln geben soll oder warum eine bestimmte Hühnerrasse besser ist als eine andere? Und – was hat der Normalbürger mit diesen Dingen zu tun? Über das Salz im Kochwasser werden wir beim „Punktesystem" etwas erfahren. Hier geht es zunächst um das, was man allgemein „Produktqualität" nennt. Man kommt nicht darum herum festzustellen, dass es bei der Suche nach Qualität und einem entwickelten Bewusstsein für Qualität zumindest am Anfang nicht darauf ankommt, was jeder von uns so unter Qualität versteht und warum er die griechische Imbissstube an der Ecke für besser als jedes Spitzenrestaurant hält. Man sollte sich ein wenig an den Gedanken gewöhnen, dass die Meisterköche dieser Welt eine Art Geschmacksspezialisten sind und bei ihnen – wie bei einem Spezialisten in einer Maschinenbaufirma – ziemlich klare Regeln herrschen. Diese Regeln sind Bestandteil der klassischen Kochkunst, sie werden gelehrt und gelernt – ohne dass darüber diskutiert wird. Wenn man nun – aus welchen Gründen auch immer – trotzdem das Gefühl hat, die Geschmäcker von Meisterköchen seien nicht gerade die eigenen, sollte man zumindest ernsthaft versuchen, sich dieses Geschmacksbild zu Eigen zu machen und damit etwas mehr über allgemein anerkannte Qualität zu lernen. Man muss sich also unter Umständen in seinem kulinarischen Ego etwas zurücknehmen und sich ohne Vorurteile entsprechenden Diskussionen stellen – auch wenn man sich bewusst ist, dass sie gegen die lieb gewonnenen eigenen Vorstellungen geht. Nehmen wir zum Beispiel die Qualität von Hühnerfleisch. Was weiß man darüber, und was könnte man darüber wissen, was würde es uns nützen, wenn wir mehr wüssten, und ist es überhaupt sinnvoll, mehr zu wissen? Das erste Problem ist oft, dass viele Leute überhaupt nicht auf die Idee kommen, es gäbe eine grundsätzlich andere Qualität als die, die man im Supermarkt oder beim Discounter bekommt. Für sie besteht ein Huhn entweder aus Brust oder Keulen, die man jeweils getrennt als ausgelöste Brust und abgetrennte Keulen kaufen kann. Ein ganzes Huhn wird meistens als Material zum Grillen (also meist zur Herstellung einer Kopie der Imbissstuben-Hühner) oder als Suppenhuhn angeboten. Kauft man ein Huhn in gegarter Form, handelt es sich meistens um die am Grill gegarten Exemplare aus Imbissstuben oder der einfacheren Gastronomie. Dabei spielt allgemein der Preis eine gewichtige Rolle, wobei leider oft der logische Zusammenhang zwischen Qualität und Preis nicht gesehen wird. Würde man auch nur einen Moment nachdenken, müsste man bei Preisen von 1,99 Euro für ein ganzes Huhn eigentlich mehr als misstrauisch werden. Kann für einen solchen Preis ein vernünftiges Produkt „hergestellt" werden? Inklusive Aufzucht, Fütterung, Energiekosten, Transporten, Schlachten und Gewinnen bei mindestens zwei Firmen? Aber – es geht hier nicht in erster Linie um Kritik an den Hühnerfabriken, sondern um die Entwicklung einer Vorstellung von Qualität. Es zeigt sich dabei immer wieder, dass sich die Sache mit dem Problem der Massenware und – nicht zu vergessen – den wichtigen Aspekten des Tierschutzes in dem Moment quasi von selber erledigen, wo sich eine Vorstellung von besserer Qualität einstellt. Der einfachste Weg wäre, in einem Spitzenrestaurant einmal ein hervorragendes Hühnergericht zu essen, das behutsam gewürzt und schonend gegart wurde. Es könnte sein, dass Sie danach einfach nur den Kopf schütteln wegen des enormen Unterschiedes zu einem halben Hähnchen, dem man durch endloses Grillen den Fleischsaft entzogen hat. Ein solches Experiment kann natürlich etwas teuer ausfallen und stellt unter Umständen ein so großes Extrem dar, dass vielleicht ein eigener Versuch am heimischen Herd besser wäre. Dazu sollten Sie sich einmal einerseits etwas billigste Hähnchenbrust besorgen und andererseits ein möglichst gutes Bio-Hähnchen von einem ländlichen

Erzeuger. Für den einfachsten Versuch braten Sie in einer Pfanne jeweils ein Brustfilet, das Sie vorher so pariert (zurechtgeschnitten) haben, dass die beiden Stücke in der Dicke möglichst gleich sind. Nehmen Sie zum Braten etwas Butter und braten Sie das Fleisch bei mittlerer Hitze. Es sollte ganz langsam etwas Farbe annehmen. Braten Sie das Fleisch zu heiß, verliert es zu viel Flüssigkeit und wird unter Umständen zäh. Wenn Sie den Eindruck haben, das Fleisch wäre nach einiger Zeit deutlich fester geworden, nehmen Sie es aus der Pfanne, wickeln es in Alufolie ein und lassen es fünf Minuten darin ruhen. Schneiden Sie es nun auf, sehen Sie sich das Fleisch an und probieren Sie es. Pur und ohne jede Beilage, selbst ohne Salz und Pfeffer. Es sollte Ihnen leicht fallen, dabei erhebliche Unterschiede sowohl in der Textur (der Beschaffenheit) des Fleisches als auch am Aroma festzustellen. Wichtig ist an einem solchen ersten Test, dass Sie sich selber davon überzeugen, dass es Unterschiede gibt und wie viel sie ausmachen. Falls Ihnen nun der Unterschied noch nicht groß genug ist, geben Sie nicht auf, sondern gehen Sie eine Stufe weiter. Besorgen Sie sich dann doch einmal ein französisches Label-Rouge-Huhn („Label Rouge" ist ein Qualitätssiegel, bei dem ganz klar festgeschrieben wird, wie lange und mit welchem Futter ein Huhn aufgezogen wird) oder – noch besser – ein Bresse-Huhn, das weithin als das beste gilt und dessen Produktionsqualität einer besonders strengen Überwachung unterliegt. Wiederholen Sie den Test oder machen Sie ein ganz normales Hühnerrezept, in das Sie zum Vergleich das Supermarkt-Huhn einbauen. Spätestens nach den Erfahrungen mit dem Bresse-Huhn werden Sie wissen, wie groß der Unterschied ist, und auch für die vorherigen kleinen Unterschiede sensibel werden. Zu allem Überfluss geht es mit der Qualität auch noch ein ganzes Stück weiter. Auch das Bresse-Huhn ist nicht als solches schon die hundertprozentige Qualität, die nicht mehr übertroffen werden kann. Spitzenköche achten zum Beispiel noch darauf, dass ein solches Huhn ein bestimmtes Gewicht hat (ca. 1,6 kg), weil nur in diesem Stadium das Verhältnis von Fett zu Fleisch optimal ist und das Huhn optimal aufgezogen wurde. Oder: Wie bei fast allen Produkten gibt es Erzeuger von unterschiedlicher Qualität, die dann eben ein Bresse-Huhn von einer Qualität erzeugen, die noch deutlich über den im normalen Handel anzutreffenden Exemplaren liegt. Wenn man nun versuchen wollte, den Unterschied zwischen dem Huhn für 1,99 Euro beim Discounter und dem besten aller besten Bresse-Hühner in Zahlen auszudrücken, könnte man vielleicht dem

Discounter-Huhn 10 Punkte geben, dem anderen aber 100. Ein gutes Qualitätsbewusstsein ist aber nicht nur dann vorhanden, wenn man die (scheinbar) besten Dinge kennt, sondern wenn man darüber hinaus auch offen genug ist, noch Besseres zu erkennen. Hier haben selbst Profis oft große Schwächen, weil sie nicht immer die richtige Konsequenz in der Auswahl von Produkten zeigen oder nicht genug nach den besten Produkten suchen.

Wichtig ist nun die Erkenntnis, dass es diese Qualitätsunterschiede bei fast jedem Produkt gibt und dass sie evident sind, also ganz offensichtlich nachvollzogen werden können. Von fast allen Dingen, die Sie in einem normalen Supermarkt kaufen können, gibt es erheblich bessere Versionen, die Ihnen beträchtlich mehr Genuss verschaffen könnten. Wollen Sie also die kulinarische Welt besser nutzen als bisher, gilt es unbedingt, sich ein Bild von den vorhandenen Qualitäten zu machen. Kulinarische Intelligenz in diesem Sektor bedeutet also ständiges Suchen nach Qualitäten und die Entwicklung eines Bewusstseins für Qualität. In dem Kapitel über Probieren und Studieren werde ich darauf zurückkommen.

Das ist aber noch nicht alles. In unserem einfachen Test haben wir eine sehr einfache Zubereitungsform gewählt. Wenn Sie mit besserem Essen leben wollen, reicht es aber nicht aus, nur zu wissen, dass es unterschiedliche Qualitäten gibt, sondern Sie sollten auch in der Lage sein, diese Qualitäten für sich nutzbar zu machen, sie also vernünftig zuzubereiten.

Das Erste wäre also Wissen, das Zweite die Kompetenz oder das Know-how bei der Umsetzung Ihres Wissens in praktisch nutzbare Verfahren. Diese Formulierung klingt deshalb im Moment etwas abstrakt, weil unter „praktischer Nutzung" verschiedene Dinge eine Rolle spielen können. Praktische Nutzung ist eben nicht nur, selber zu kochen, sondern auch eine Art des Lebens mit dem Essen, das aus Ihrem verbesserten Wissen Konsequenzen zieht, also auch ein verändertes Einkaufsverhalten, ein verändertes Verhalten zum Restaurantbesuch oder die Intensivierung des Esserlebnisses überhaupt. Man kann sich durchaus vorstellen, dass es eine Form des Essens gibt, die auf sehr viel Wissen vom Essen basiert und insofern auch etwas ist, was man lernen kann oder wobei man erhebliche Fortschritte erzielen kann. Wir haben gesehen, dass man sich um die unterschiedlichen Qualitäten kümmern sollte. Wenn man dies unterlässt, entwickelt sich ein falsches Qualitätsbewusstsein, weil einfach wichtige Informationen fehlen. Die Konsequenz aus all dem ist das angewandte Wissen, das den Menschen mit entwickelter kulinarischer Intelligenz dazu bringt, ein vollkommen anderes Verhalten an den Tag zu legen. Aber Vorsicht! Die Sache mit dem Essen ist nichts für Diktatoren, sondern etwas für Leute, die sich unter lebenslangem Lernen etwas vorstellen können. Nichts ist so kontraproduktiv wie ein Gourmet, der glaubt, die vor Jahren einmal irgendwo in einem Spitzenrestaurant gegessenen Gerichte seien das Maß aller Dinge. Schon vom Prinzip her sollte der intelligente Genussmensch eine große Offenheit gegenüber Neuem haben. Es zeigt sich bis auf den heutigen Tag immer wieder, dass es beim Essen noch extrem viel Neues zu lernen und zu entdecken gibt. War da allzu früh besserwisserisch wird, blockiert sich und seinen kulinarischen Fortschritt. Kulinarische Intelligenz bedeutet also auch Offenheit.

Das Punktesystem: Punkt für Punkt zu guter Küche

Nach den Überlegungen zur Produktqualität geht es in diesem Kapitel nun um die Qualität bei der Herstellung von Essen. Es wäre wunderbar, wenn Sie nach diesem Kapitel das Gefühl hätten, es seien Dinge in Ihrer Reichweite, die Sie dort niemals vermutet hätten. Aber – es ist vielleicht schon noch ein etwas längerer Weg.

Es existieren immer wieder Vermutungen darüber, was unsere besten Köche eigentlich machen, um die herausragende Qualität ihrer Kreationen zu erzielen. Von „Geheimnissen" ist da die Rede und irgendwelchen speziellen Tricks, die die Köche angeblich meistens für sich selber behalten. Man erinnert sich an die geheimnisumwitterte Rezeptur von Coca-Cola oder geheimen Kräuterelixieren aus mittelalterlichen Klöstern und wird beim Essen in einem hervorragenden Restaurant auch meist darin bestätigt: Das schmeckt so viel besser als zu Hause oder in einem gutbürgerlichen Restaurant, dass man einfach nicht nachvollziehen kann, wie so etwas gemacht wird. Um es gleich ganz klar zu sagen: Es gibt solche Geheimnisse nicht, es sei denn, man bezeichnet eine spezielle Gewürzmischung, eine ungewöhnliche Saucenzusammensetzung oder ausgetüftelte Garvorgänge schon als Geheimnis. Es ist auch nicht so, dass die Köche in ihren Kochbüchern irgendwelche Zutaten verheimlichen würden, damit sie nicht kopiert werden können. Sie wissen einfach ganz genau, dass man ein Rezept nicht so genau aufschreiben kann, dass es vollständig reproduziert werden kann, und außerdem kochen viele von ihnen zwar nach einem groben Rezept, tatsächlich aber ziemlich „freihändig". Da wird dann von 100 ml Wein für eine Sauce geschrieben, und tatsächlich schütten sie nur etwas Wein hinein, ohne die Menge wirklich abzumessen. Mehr dazu finden Sie im Kapitel über die Rezepte.

In Wirklichkeit entsteht kulinarische Qualität in der Küche aus einer ganzen Menge von einzelnen Punkten, die man beachten kann – aber nicht unbedingt muss. Wer also bei der Zubereitung von einem Ausgangsmaterial sehr viele von diesen Punkten beachtet, erzielt ein besseres Ergebnis als der, der nur sehr wenige Punkte beachtet. Am besten lässt sich das in einem einfachen Beispiel erläutern, dem Garen von Kartoffeln.

In einer sehr einfachen Form könnten wir folgende Punkte abarbeiten: Einkauf der Kartoffeln in einem Supermarkt, ohne die Sorte zu beachten // schälen // in Salzwasser legen // kochen, bis sie weich sind // Wasser abschütten // servieren.

Das wären dann sechs Punkte, die Sie zwischen Einkauf und Servieren abgearbeitet haben.

Unter streng professionellen Gesichtspunkten sieht das völlig anders aus: Einkauf einer bestimmten Kartoffelsorte, je nachdem, was damit gemacht werden soll (z.B. Püree, frittierte Kartoffelfäden, Kartoffelsalat) // Überprüfung der Kartoffeln auf ihre Frische (Festigkeit) // Überprüfung der Kartoffeln auf weitere äußerliche Merkmale (dunkle Stellen, Augen, Keimansatz) // Lagerung der gekauften Kartoffeln bei richtiger Temperatur und Feuchtigkeitsgrad // Vorüberlegung, ob die Kartoffeln mit oder ohne Schale gekocht werden sollen (die Schale enthält sehr viele Nährstoffe) // Falls mit Schale gekocht wird: Entfernen dunkler Stellen // Falls geschält wird: Abwaschen der Kartoffeln nach dem Schälen, um die sich auf der Oberfläche ansammelnde Stärke zu beseitigen // Salzen des Kochwassers nach klaren Regeln (z.B. 16 g Salz pro Liter Kochflüssigkeit) // Beachtung der Salzart für das Salzen des Kochwassers (z.B. grobes Meersalz) // Vorüberlegung, ob dem Kochwasser noch weitere Aromen hinzugefügt werden sollen (z.B. ein Lorbeerblatt oder auch etwas Fond) // Vorüberlegung, welchen Gargrad die Kartoffeln haben sollen. Für bestimmte Verwendungen ist es denkbar, dass die Kartoffeln nicht ganz durchgegart werden, weil sie noch in anderer Form weitergegart werden (z.b. als Bratkartoffeln) // Überprüfung des Gargrades, um Übergarung zu verhindern (z.b. mit dem Messertest: wenn sich die Spitze eines Küchenmessers gut in die Kartoffel stechen, die Kartoffel sich dann aber nicht mehr damit anheben lässt, ist sie gar) // Abschütten des Kochwassers // Ausdampfen der Kartoffeln entweder im Topf oder im vorgeheizten Backofen, oder auf Küchentuch abtropfen lassen // eventuell Warmhalten der Kartoffeln unter einem heißen Tuch bis zum Servieren.

Das waren jetzt 15 Punkte, die an verschiedenen Stellen (z.b. bei den Sorten) noch weiter differenziert werden können, so dass sich vielleicht 30 Punkte ergeben könnten. Auf diese Weise entstehen letztlich die Qualitätsunterschiede beim Kochen. Wenn man sich vorstellt, wie viele Elemente ein Gericht hat und wie viele Punkte dort zu beachten sind, wird sehr schnell deutlich, wo die Unterschiede herkommen.

Ein überragender Koch arbeitet sehr viele von diesen Punkten ab, was nicht zuletzt heißt, dass er diese Punkte auch alle kennen muss, sie irgendwo gelernt hat oder – was in der Spitzenküche immer wieder vorkommt – selber einige neue Punkte erfunden hat. Nehmen wir einmal an, es gäbe also 300 Punkte für die Zubereitung aller Elemente eines Gerichtes zu beachten. Diese 300 Punkte sind dann quasi das Kochwissen der Welt, also alles, was man über die Zubereitung eines Produktes an Hinweisen und Grundlagen zusammentragen kann. Wenn man nun eine anschauliche Schätzung versuchen würde, ergäben sich vielleicht folgende Zahlen:

Ein **Spitzenkoch** in einem Sterne-Restaurant realisiert etwa 90 Prozent dieser Punkte (Das mag vielleicht wenig erscheinen, entspricht aber durchaus der Realität, weil auch die Spitzenköche nur in den seltensten Fällen wirklich so gut wie alles wissen).

Ein professioneller Koch (**Küchenmeister**) mit einer Ausbildung nach den üblichen Handwerksregeln realisiert etwa 60 Prozent der Punkte.

Ein **professioneller Koch**, der als normaler Angestellter arbeitet und lediglich eine Lehre abgeschlossen hat, realisiert etwa 40–50 Prozent dieser Punkte.

Ein gut trainierter **Hobbykoch** realisiert zwischen 20 und 40 Prozent der Punkte.

Ein **Laie** mit nur minimalen Kenntnissen kommt auf vielleicht 5–10 Prozent der Punkte.

Das mag jetzt auf den ersten Blick niederschmetternd wirken und nicht unbedingt zum Kochen ermutigen. Aber – das wäre eine vollständig falsche Sehweise. Wenn man dazu übergeht, nicht mehr von unlösbaren Problemen und Geheimnissen rund um kulinarische Qualität zu reden, sondern von der Abarbeitung ganz klar darzustellender, einzelner Punkte, wird diese Qualität zu weiten Teilen lehrbar und erlernbar. Natürlich gibt es noch einige Dinge, die jenseits dieser Punkte liegen. Sie liegen zum Beispiel in der entwickelten, trainierten Geschmacksvorstellung von hervorragenden Köchen, die eben nicht nur diese Punkte abarbeiten können, sondern auch eine international geschulte und ganz klare Vorstellung davon haben, wie etwas schmecken muss. Auch wenn diese Vorstellung lange Jahre des Trainings braucht, bedeutet diese Feststellung nicht, dass sie nicht im Prinzip jedermann bis zu einem gewissen Grade ebenfalls entwickeln kann – von einigen Ausnahmen einmal abgesehen. Aber zurück zu unseren Kartoffeln. Was die Sache einfacher macht, ist die Tatsache, dass die Punkte unterschiedlich wichtig sind. Wenn Sie eine gute Kenntnis von ein paar wichtigen Kartoffelsorten haben, Ihr Kochwasser präzise salzen und die Kartoffeln auf den Punkt garen können, sind Sie schon ein wesentliches Stück weiter. Wollen Sie aber richtig gut werden, sollten Sie ständig alles an Wissen ansammeln, was es gibt, und es vor allem hartnäckig anwenden. Bei Hobbyköchen wie bei Profis ist es eben leider so, dass aus verschiedenen Gründen nicht wirklich konzentriert gearbeitet wird. Der Hobbykoch hat einfach einmal keine Zeit und der Profi gerade Personalmangel in der Küche. Nehmen Sie sich also die Zeit, Ihr Wissen auch konsequent anzuwenden, und erlauben Sie sich keine unnötigen Durchhänger.

Wenn man eine gut entwickelte Vorstellung von Qualität hat und an ihrer systematischen Umsetzung in der Küche arbeitet, kommt auch eine richtig gute Kochqualität in Reichweite.

Die kulinarische Intelligenz im Alltag

Der Einkauf

Die Quellen: Ein schwieriges Geschäft

Aus dem Kapitel über Qualität ist sicherlich klar geworden, dass es aus vielen Gründen notwendig ist, beim Einkauf so viel Konsequenz an den Tag zu legen wie eben möglich. Aber was soll man tun, wenn einfach die Zeit fehlt, um irgendwo in fünfzig Kilometern Entfernung bei einem ganz speziellen Bio-Bauern ganz spezielles Schweinefleisch zu kaufen? Der kulinarisch intelligente Mensch tut gut daran, sich beim Einkauf eine gewisse Distanz zu erarbeiten und das Angebot mit immer weiter wachsendem Wissen kritisch zu beurteilen. Verfügt er über etwas Wissen und Beurteilungsvermögen, kann er sehr viel genauer mit seinen Einkäufen umgehen. Wenn es das gewünschte Material nicht in einer ansprechenden Qualität gibt, sollte man es nicht notgedrungen trotzdem kaufen, sondern flexibel reagieren und etwas anderes kochen. Und wenn es einen bestimmten Fisch nur in aufgetauter Form gibt, kann man kein Rezept machen, das unbedingt eine exzellente Produktqualität braucht. Es gibt aber auch – die Produktfetischisten, die ausschließlich mit dem allerbesten Material arbeiten wollen, sollten diese Zeilen einmal überschlagen – durchaus die Möglichkeit zu gewissen Kompromissen. Für eine Tomatensauce in einfacher Ausführung, in die man zum Beispiel schwungvoll etwas Fond, Sahne, Kräuter und Tomatenmark gibt, ist eine Tomate von sommerlich reifer Spitzenqualität sicherlich sehr schön, aber nicht unbedingt nötig. Wenn Sie Zucchini halbieren und sie mit etwas Kräutern, Olivenöl und Fleur de Sel im Ofen konfieren wollen, können Sie im Grunde jede Zucchini nehmen, die Sie bekommen können. Etwas anderes wäre es, wenn Sie den optimalen, im besten Falle wunderbar frischen und nussigen Geschmack sehr junger Zucchini von vielleicht 8 cm Länge und einer Dicke von zirka einem Zentimeter suchen. Den werden Sie bei den größeren

Exemplaren nicht finden. Machen wir noch etwas weiter mit diesen Vergleichen. Viele Wintergemüse wie Rosenkohl oder Schwarzwurzeln haben relativ geringe Qualitätsschwankungen, während etwa der Spargel ganz extrem unterschiedlich ausfällt. Auch wenn der Spargel frisch vom Acker kommt und direkt beim Erzeuger am Feld gekauft wird, ist er vielleicht frisch, aber damit noch lange nicht gut (das hängt – wie beim Wein – vom Boden und der Witterung ab). Beim Schweinefleisch könnten Sie unter Umständen auf die Idee kommen, das sei doch so ungefähr alles gleich. Dann haben Sie noch kein gut gezogenes Schwäbisch-Hällisches Schwein gegessen und schon gar nicht korsisches oder iberisches Schwein, das in Eichen- oder Buchenwäldern herumläuft, sich vorwiegend von Eicheln oder Bucheckern ernährt und auf diese Weise ein unglaublich gutes Aroma bekommt. Ein ganz spezielles Thema ist in diesem Zusammenhang natürlich der Fisch. Mit einem Minimum an Überlegung und Wissen von den Zusammenhängen können Sie eigentlich im Binnenland nur in Ausnahmefällen Fisch kaufen. Er ist schlicht und einfach in der Regel nicht frisch genug. Man kann ein normales Filet aus der Fischtheke eines Supermarktes vielleicht unter technischen Gesichtspunkten noch essen, ohne davon krank zu werde. Mit einem frischen Fisch und seiner ganz spezifischen Textur hat das nichts mehr zu tun. Allein der Anblick von Filets sollte Sie schon stutzig machen. Wenn überhaupt, so ist der noch nicht zerlegte Fisch in gewisser Weise für etwas späteren Verbrauch geeignet, weil er nicht so schnell oxydiert. Die Filets machen vielleicht die Küchenarbeit leichter, sind aber kulinarisch gesehen fast immer ein Problem. Ist dann vielleicht der Tiefkühl-Fisch besser? Direkt nach dem Fang eingefroren und damit der Oxydation überhaupt nicht ausgesetzt? Nein. Der Vorgang des Einfrierens und vor allem des Auftauens schadet dem Fisch so stark, dass er in keiner Weise mehr mit dem frischen Fisch vergleichbar ist. Man könnte die Liste der Beispiele unendlich fortsetzen. Für quasi jedes Produkt gibt es diverse Merkmale, die seine Qualität erkennen lassen, und erst mit der Kenntnis der wichtigsten Grundsätze für den Einkauf kann man einigermaßen durch das Angebot navigieren.

Grundsätzlich sollte man eines nicht vergessen: Mit den Produkten, die man kauft und kennen lernt, bildet sich natürlich eine bestimmte Vorstellung von Qualität. Wer sich um dieses kulinarisch-qualitative Weltbild nicht kümmert und nimmt, was gerade so zu bekommen ist, kriegt seinen Einkauf nie in den Griff. Je präziser aber die Kenntnis von den Produkten wird, desto besser kann man einkaufen und umso besser wird die Küche zu Hause wie die Qualität der Einschätzung von Essen überhaupt.

Was die Einkaufsquellen angeht, scheint das ganz alte Bild in der Regel auch heute noch das Beste zu sein. Aber Vorsicht! Nehmen wir einmal den Wochenmarkt. Man hat hier leicht die Vorstellung, alle Stände seien in der Hand von Produzenten, die ausschließlich ihre selbst erzeugten Produkte verkaufen. Das trifft längst nicht mehr zu und ist höchstens noch bei einigen wenigen Ständen der Fall. Fast alle Händler – und wenn sie noch so nach Bauer aussehen – kaufen ihre Sachen ganz normal im Großmarkt ein. Wenn man nun auf den Großmarkt geht und sich dort etwas umsieht, wird man feststellen, dass auch hier bei weitem nicht nur Spitzenqualität angeboten wird. Man kann allerdings davon ausgehen, dass man auf einem Großmarkt irgendwo und irgendwie eine ganze Reihe guter Produkte zusammenkaufen kann (aber eben nicht garantiert alle, die man sucht). Was hat das nun mit dem Normalverbraucher zu tun? Ganz einfach, er muss sich beim Handel die Verbindungswege notfalls selber aufbauen. Alles ist bestellbar, und wenn den Kunden für das nächste Wochenende nach einer größeren Menge Stielmus gelüstet, muss er es eben notfalls bestellen. Man sollte aber daran denken, dass das alte Bild vom Fachgeschäft oder dem spezialisierten Händler erheblich gelitten hat. So wie nicht jeder Arzt gut ist (es gibt dort schließlich auch Überflieger und solche, die so gerade eben ihre Examen geschafft haben), ist auch nicht jeder Koch und nicht jeder Händler gut.

Stellen Sie Ihren Händler einmal auf die Probe und versuchen Sie, weitere Informationen über bestimmte Sorten von Gemüse oder bestimmte Geflügelrassen oder – eigentlich ganz einfach, aber sehr wichtig – über die Reifezeit des Rindfleisches zu bekommen, das er Ihnen verkaufen will. Beobachten Sie genau, ob er Ihnen irgendetwas dahererzählt oder ob er offensichtlich über profunde Kenntnisse verfügt. Der Händler mit profunden Kenntnissen kennt in der Regel auch andere Meinungen und Zahlen, kann diese diskutieren und kennt nicht nur seine auswendig gelernten Dinge aus der Lehrzeit (wenn sie denn überhaupt in diesem speziellen Gebiet stattgefunden hat). Überprüfen Sie diese Angaben nach Möglichkeit. Ein guter Händler hat Spaß daran, mit Leuten zusammenzukommen, die etwas Gutes einkaufen wollen und etwas von der Sache verstehen. Fordern Sie ihn, aber seien Sie wachsam!

Im Endeffekt haben Sie „auf dem platten Land" kaum eine andere Möglichkeit, an gute Produkte zu kommen, als über einen guten Händler. Aber – man sollte allgemein eine große Offenheit behalten und davon ausgehen, dass es alles irgendwo und irgendwie noch besser gibt. Ich bekomme immer wieder die Adressen von Geheimtipps, und fast überall treffe ich auf Leute, die auf einen bestimmten Laden in ihrer Nähe schwören. Das mag ja dann zum Beispiel der beste Käseladen in der Gegend sein. Aber in der Regel ist der Qualitätsunterschied vom besten Käseladen in der Gegend bis zu einem Weltklasse-Geschäft riesengroß. Ein zwiespältiges Problem ist der Einkauf in Kaufhäusern. Es gibt eklatante Unterschiede zwischen den Lebensmittelabteilungen der Kaufhäuser in Berlin, Köln, Hamburg oder München und denen in kleineren oder solchen Städten, die man seltener mit gutem Essen in Verbindung bringt. Das Berliner KaDeWe etwa ist auf den ersten Blick ein Einkaufsparadies mit einem unglaublichen Angebot. Falls Sie sich für einen sehr gut geschulten Kenner der Materie halten, wäre ein kritischer Besuch dort eine echte Prüfung. Vielleicht sollte man so eine Prüfung einmal mit Profis aus dem Gewerbe machen. Die Aufgabe wäre: Gehen Sie in die Lebensmittelabteilung des KaDeWe und notieren Sie die Stärken und Schwächen des Angebotes. Sie ahnen, worauf ich hier hinauswill: Es wäre von großem Vorteil, wenn Sie auch bei einem so ausgeweiteten Angebot in der Lage wären, die echten „Rosinen" herauszupicken. Man muss allerdings auch angesichts eines Angebotes wie im KaDeWe auf die Euphoriebremse treten. Wenn man mit einem gestandenen Spitzenkoch dort eine Runde drehen würde, könnte es gut sein, dass er zum Beispiel den Wolfsbarsch nicht kaufen würde, weil eben ein Wolfsbarsch nicht automatisch ein Superprodukt ist, sondern erst dann, wenn er wild gefangen wurde, ein bestimmtes Gewicht hat und eben nicht aus einer Fischzucht stammt, wo er immer das gleiche Futter bekommt und viel zu jung verkauft wird. Aber – ich möchte Sie hier nicht entmutigen, sondern nur darauf hinweisen, dass die Qualität in fast allen Fällen auch noch besser sein kann, als man es gemeinhin annimmt. In vielen kleineren und größeren Supermärkten ist das Angebot extrem unterschiedlich und hängt oft von der individuellen Führung des Marktes ab. Eine klare Einschätzung ist dazu kaum möglich. Manche Produkte, die vergleichsweise unproblematisch sind (siehe oben), gibt es in Supermärkten auch nicht besser als bei Discountern, während manche andere Supermärkte den Rang von spezialisierten Feinkostgeschäften haben.

Zur Verdeutlichung von Qualitätsunterschieden in Breite und Tiefe des Angebots hier einmal ein Beispiel, an das ich manchmal etwas wehmütig denke und bei dem ich mir immer vorstelle, wie schön es wäre, so etwas gleich um die Ecke zu haben. Ich nehme jetzt einmal nicht Paris oder sonst eine Großstadt in Frankreich, Italien oder Spanien, sondern Dinard in der Bretagne. Dort hat man vor einigen Jahren eine Markthalle im alten Stil wieder aufgebaut. Diese Halle ist nicht besonders groß, hat aber im Angebot wirklich Substanz. Natürlich gibt es hier direkt am Meer ein paar sehr gute Fischstände, die vor allem im Bereich der Krustentiere kaum zu übertreffen sind (der bretonische Hummer gilt als der beste der Welt). Aus dem nahen Cancale kommen hervorragende Austern, aus dem Hinterland ein besonders gutes Fleisch von Schweinen, die in sehr kleinen Gruppen auf einem großen Gelände leben. Aus der Bucht des Mont-Saint-Michel kommt ein weltbekanntes Salzwiesenlamm, und auf den gleichen Böden wachsen hervorragende Sandmöhren, Knoblauch und Zwiebeln. In der Halle ist ein sehr guter Käsehändler, und die Fleischhändler haben buchstäblich alles im Angebot, was es gibt, also inklusive aller Innereien, beste Stücke von hervorragend gezogenen Tieren mit einem viel höheren Fettgehalt, als es bei uns leider üblich ist. Natürlich fehlt auch ein Weinhandel nicht, und die eine oder andere Épicerie mit allem anderen, was man so braucht , ist auch da. Wenn man diesen Markt mit dem Berliner KaDeWe vergleicht, so ist er in den Frischeabteilungen einfach besser. Das sollten wir – bei aller Freude über gute Entwicklungen hier und da – nie aus dem Auge verlieren.

Probieren ist Studieren

Die Überschrift ist mit Absicht verdreht: Der alte Satz „Probieren geht über Studieren" muss auf kulinarischem Gebiet leicht geändert werden, weil ohne den ständigen Bezug zum realen Objekt gar nichts läuft. Man kann vielleicht am Schreibtisch auswendig lernen, was es so alles gibt, und hat davon durchaus den Nutzen, dass man zumindest davon ausgeht, dass es neben dem, was man kennt, auch noch andere Qualitäten gibt. Die wirkliche Orientierung kommt nur über das Probieren. Das mag auf den ersten Blick einfach und normal klingen. In der Realität fällt mir immer wieder auf, wie wenig davon Gebrauch gemacht wird, und zwar auf beiden Seiten der Theke. Wenn Sie auf dem Markt zum

Einkaufen waren, dürften Sie hinterher vor lauter Probieren keinen Hunger mehr haben! Probieren Sie, wo immer Sie können, und wenn keine Proben angeboten werden, fragen Sie einfach danach. Sie werden sich wundern, wie oft Sie etwas bekommen. Allerdings sollte das Probieren nicht dem reinen Abgleich mit Ihren Vorlieben dienen („lecker!"), sondern als Information für Ihren Wissensspeicher über dieses Produkt dienen. Wenn Sie etwa einen Ziegenkäse probieren (z.B. den recht verbreiteten Crottin de Chavignol), könnte es passieren, dass Sie probieren und zu dem Eindruck kommen, er würde a) etwas schimmelig schmecken, b) erstaunlich fest sein und c) ein ziemlich intensives Ziegenaroma haben. Als Ergebnis Ihrer Probe sollten Sie dann aber nicht speichern: „Crottin de Chavignol ist hart, schmeckt leicht schimmelig und nach Ziege"! Dieser „Eintrag" in den kulinarischen Speicher Ihres Kopfes wäre höchst unkorrekt. Sie können höchstens eintragen, dass es unter den vielen Crottin-de-Chavignol-Versionen (die abhängig von der Reifung, aber auch vom Erzeuger sind) auch solche gibt, die nach Schimmel und deutlich nach Ziege schmecken und dazu etwas hart sind. Wenn Sie schon häufig diese Käsesorte gegessen haben, werden Sie wissen, dass Sie einen deutlich gereiften Käse mit einer nicht ganz optimalen Lagerung bekommen haben. Probieren ist nur dann Studieren, wenn es Folgen für Ihr Wissen über ein Produkt hat.

Im Grunde müsste man noch viel weiter gehen, als das heute und vor allem bei uns in Deutschland möglich erscheint. Es mag ja hier noch normal sein, wenn man etwas Obst, etwas Käse oder eine Scheibe Schinken probieren kann. Im Grunde müsste man aber die Möglichkeit haben, fast alles, was man kauft, entweder zu probieren oder in die Hand zu nehmen oder sogar daran zu riechen. Wäre das möglich und wären Sie nach einer soliden Entwicklung Ihrer kulinarischen Intelligenz in der Lage, ziemlich sicher Ihre gesamten Kenntnisse zur Identifizierung eines guten Produktes einzusetzen, könnten Sie selbst bei Fisch und Fleisch souverän gute Qualitäten identifizieren. Ein geschulter Käufer kann ein Stück Fleisch in die Hand nehmen, daran riechen und zum Beispiel darüber befinden, ob es zu alt oder noch nicht genug gereift ist. Er kann bei kompletten Fischen nicht nur nach den Augen sehen (sie sollten so dunkel und gewölbt wie möglich sein), sondern auch die Kiemen überprüfen oder per Druck auf ein Fischfilet ziemlich sicher sein, ob es wirklich frisch ist oder schon ein paar Tage zwischen Theke und Kühlraum hin- und hergeschoben wurde.

Es gibt für quasi jedes Produkt klare Frischemerkmale und für sehr viele auch deutliche Qualitätsmerkmale. Haben Sie durch bewusstes Probieren (wozu natürlich nicht allein die geschmackliche Prüfung, sondern auch diverse Informationen zum Äußeren gehören) und die klare Einordnung und Verarbeitung dieser Informationen ein Bild von vielen Produkten gewonnen, werden Sie um Klassen besser einkaufen, als das ohne diese Kenntnisse der Fall sein kann.

Das Probieren endet aber nicht mit dem Einkauf. Auch zu Hause oder unterwegs ist es eine der wichtigsten Aktionen zur Verbesserung Ihrer Kenntnisse. Machen Sie sich ruhig Notizen und gewöhnen Sie sich an, selbst einen Biss in den Apfel kurz und ohne viel Probier-Theater reflektierend einzuordnen. Das geht mit der Zeit ganz von selber. Machen Sie so etwas nie, geht Ihnen im Laufe der Zeit eine riesige Menge von Informationen verloren.

Auch aus eigener Erfahrung heraus möchte ich auf einen wichtigen Akzent hinweisen. Fixieren Sie sich beim Probieren nicht zu sehr auf das „Beste". Selbst wenn es Ihnen gelingt, ein sicheres Wissen über Spitzenqualitäten aufzubauen, fehlt Ihnen dann immer noch etwas sehr Wichtiges, nämlich das Wissen um das Spezielle bestimmter Produkte. Ein Beispiel: Auch der allerbeste Weißwein der Welt passt möglicherweise nicht zur Begleitung eines bestimmten Fischgerichtes. Es kann sogar sein, dass ein vergleichsweise preiswerter Wein von vielleicht zehn Euro zu einem bestimmten Gericht die optimale Begleitung ist. Genauso kann ein einfacher, kaum gereifter Ziegenkäse in einem italienischen Gericht ein hervorragendes Element sein, während ein deutlich reiferer – und vielleicht als Käse objektiv besserer – hier völlig fehl am Platze wäre. Auch dieser Zusammenhang bestärkt also den oben erwähnten Vorschlag, immer systematisches (und damit in gewisser Weise auch objektiveres) Wissen zu sammeln.

Vorratshaltung: Ein Lösungsvorschlag

Keine Angst, es geht hier nicht um die „Vorratshaltung für die gute Hausfrau" ganz im Stil früher Haushaltungsbücher, in denen genau aufgeführt wurde, was die Mutter mit mehreren Kindern alles im Haus haben musste, um den schwer arbeitenden Herrn des Hauses adäquat zu versorgen. Angesichts der heute extrem variierenden Familienverhältnisse und der sehr unterschiedlichen Bedürfnisse hat es keinen Zweck, darüber zu reden, wie viele Packungen Mehl man im Haus haben sollte. Es gibt aber etwas anderes, das hier von allergrößtem Interesse ist: eine fein ausgetüftelte Palette an haltbaren Grundzutaten, mit denen man, ohne viel einzukaufen, ein spannendes Essen zubereiten kann. Wenn wir die Regeln für einen guten Einkauf wirklich beherzigen, ist klar, dass man eigentlich kaum loslaufen kann, um etwas Bestimmtes einzukaufen, sondern immer nur das nehmen sollte, was man in guter Qualität vorfindet. Wenn man dieser privaten Version einer „Cuisine du marché" (eine Küche, die dem Angebot auf dem Markt folgt, vorzugsweise auch dem jahreszeitlich gebundenen Angebot) folgt, steht man natürlich vor dem Problem, welches Gericht man denn nun mit den eingekauften Produkten machen könnte. Routinierte Privatköche werden da keine Probleme bekommen, aber auch sie werden erst einmal nachdenken müssen. Man kann natürlich beginnen, im Kopf mal eben kurz etwas zu entwickeln und entsprechend weitere Produkte einzukaufen (so würden das Profis und trainierte Amateure machen). Einfacher ist es aber, zu Hause eine wohl überlegte Sammlung von festen Zutaten zu haben, mit deren Hilfe man immer eine sehr interessante Küche machen kann. Nicht gemeint sind damit die Reste von Öl und Essig, die anscheinend jeder Mensch irgendwo stehen hat, sondern ein konzentrierter Vorrat von Niveau, den man im Laufe der Zeit auch immer wieder ergänzt oder ausbaut.

Ich habe einmal eine solche Liste zusammengestellt, wobei diese Liste selbstverständlich je nach Vorliebe auch anders ausfallen kann und in dieser Form nur ein Beispiel dafür sein soll, was da so zusammenkommen könnte, welche Überlegungen dahinter stecken könnten und welche Vorteile sich damit ergeben. Sie finden diese kommentierte Liste weiter hinten unter „Materialsammlung I" S.133.

Selber kochen

Jeder kann kochen

In diesem Buch geht es um die Entwicklung kulinarischer Kompetenz durch die Entfaltung und Förderung von kulinarischer Intelligenz. Es ist also nicht zu erwarten, dass eine Aussage wie „Jeder kann kochen" so gemeint ist wie in den unüberschaubar vielen und oft sinnlosen Ratgebern, die es gibt. Hier geht es um Qualität, Können und mehr Genuss und nicht darum, mit möglichst wenig Aufwand belangloses und banal schmeckendes Essen zu produzieren. Wenn wir also die Frage, ob jeder kochen (lernen) kann, seriös stellen wollen, meinen wir damit wirklich ansprechende Kochleistungen, von feinen Kleinigkeiten über süffige Pastarezepte bis hin zu Hauptgerichten mit gut gegartem Fisch oder Fleisch und guten Saucen – die Desserts nicht zu vergessen. Wie gut man dabei werden kann, hängt natürlich von vielen Faktoren ab. Ich werde dazu im nächsten Kapitel einige Spekulationen anstellen. Wenn wir uns einmal etwas umsehen, scheint die Furcht vor dem Kochen relativ groß zu sein. Und – machen nicht die ganzen Versuche, es noch einfacher zu machen, letztlich ihr Geschäft damit, dass jeder glaubt, Kochen sei zu schwierig für ihn?

Wenn wir die Angelegenheit einmal etwas pointiert betrachten, müsste man eigentlich darauf hinweisen, dass die meisten Köche (inklusive einer ganzen Anzahl von ziemlich guten Köchen) über kein wirklich spezielles und überragendes Talent verfügen, sondern „ganz normale" Menschen mit einem bestimmten Beruf sind. Was sollte also den Interessierten davon abhalten, ähnliche Qualitäten zu erzeugen wie ein guter Koch? Und – ist es nicht mehr als wahrscheinlich, dass unter uns eine ganze Anzahl von hervorragenden kulinarischen Talenten schlummern, die nur nie im Leben darauf kommen würden, dass sie vielleicht hervorragend kochen könnten, weil es sie eben einfach immer in einen „ordentlichen" Beruf gezogen hat?

Viele Leute stellen sich bei ihren Versuchen am Herd einfach zu dumm oder unsicher an und geben viel zu schnell auf. Überlegen Sie doch bitte einmal, für welche Dinge Sie gerne bereit sind, allerlei zu lernen und auch Zeit zu investieren. Ich möchte nun behaupten, dass Sie mit einem vergleichsweise lockeren Aufwand zum Beispiel rund um das Abendessen in kurzer Zeit Ihre Küchenleistungen enorm steigern könnten. Voraussetzung ist allerdings, dass Sie nicht gleich wieder alles hinschmeißen, wenn es einmal nicht klappt, sondern einfach nur die gleiche Hartnäckigkeit entwickeln, die für jede andere Tätigkeit ganz normal ist. Arbeiten Sie gerne im Garten? Lassen Sie da auch alles sofort fallen, wenn Sie auch nur auf die geringste Schwierigkeit stoßen? Schaffen Sie es, die Gebrauchsanweisung Ihres neuen DVD-Players oder Handys zu lesen, oder verzichten Sie in Zukunft auf deren Einsatz? Die Leistungen rund um das Kochen müssen einfach etwas entmystifiziert werden. Ist es nicht so, dass ein professioneller Koch immer dann die meiste Bewunderung bekommt, wenn er mit geübtem Schnitt in Windeseile eine Zwiebel zerlegt? Nichts gegen die handwerklichen Leistungen unserer Köche, aber wenn Sie das bewundern, können Sie auch die Geschwindigkeit bewundern, die eine Kassiererin bei Aldi entwickelt. Vergessen Sie das alles und glauben Sie an Ihre eigenen Möglichkeiten, auch in diesem Sektor gute Dinge zu leisten.

Vom Laien zum hervorragenden Koch durch kulinarische Intelligenz

Die Frage, ob denn ein Laie, Amateur, Hobbykoch oder Privatkoch (wie immer man das nennt – ich finde die letzte Variante nicht schlecht) zu irgendwelchen Kochleistungen von Rang kommen kann, beschäftigt sehr viele Interessierte oft jahrelang. Versuchen wir also, den möglichen Perspektiven einmal auf den Grund zu gehen. Zuerst muss man klarstellen, was man eigentlich unter einem hervorragenden Koch versteht. Wenn Sie in einem sehr guten Restaurant essen, ist das, was Sie bekommen, ein Essen, das nach längeren Planungen schließlich mit viel Vorbereitung von einer größeren Küchenmannschaft unter Beanspruchung einer ausgetüftelten Logistik präsentiert wird. In einer solchen Küche ist jemand für die Vorspeisen zuständig, jemand anderes für den Fisch, für das Fleisch oder die Patisserie, und oft haben alle „Posten" auch noch Stellvertreter. Ein einzelner Koch könnte das Menü eines Drei-Sterne-Restaurants unmöglich realisieren. Das kann also schon einmal nicht das Vorbild sein, dem Sie nacheifern können.

Aber wie ist das mit einem einzelnen Gericht? Im Prinzip steht der Realisierung eines einzelnen Gerichtes von allerhöchstem Niveau auch in der heimischen Küche nichts entgegen. Nehmen wir ein Lammgericht mit Lammrücken, einem Kompott von der geschmorten Lammschulter, dazu eine Sauce, die die Franzosen „Vrais Jus" nennen (also eine Sauce, die mit viel purem Lammfleisch erzeugt wurde), einige passende Gemüse, knackig à point gegart, und eine kleine Ratatouille-Lasagne (also eine Lasagne mit einer gemischten Gemüsefüllung). Sie werden zugeben, das klingt nicht schlecht und steht so oder ähnlich auch auf den Karten von absoluten Spitzenrestaurants. Eine erste Analyse könnte zu dem Ergebnis kommen, dass Sie – ohne jegliche Vorräte – für die Zubereitung schon einen Tag vor dem Essen beginnen müssten, um mindestens den Fond für die Sauce, besser aber auch noch die geschmorte Lammschulter in professioneller Qualität zu kochen. Sodann müssten Sie am Tage des Essens (das wir auf den Abend gelegt haben …) die Ratatouille-Füllung für die Lasagne vorbereiten, alles Fleisch und Gemüse kochfertig bereithalten und könnten sich relativ kurz vor dem Essen mit der eigentlichen Fertigstellung befassen, also die Lasagne aufbauen und garen, das Fleisch garen, die Sauce fertig stellen, das Kompott von der Lammschulter fertig stellen und im letzten Moment die Gemüse à point garen. Das mag jetzt nach einem unglaublichen Aufwand für ein Gericht klingen, aber es ging ja nur darum, ob man überhaupt so etwas schaffen könnte. Was brauchen Sie dafür an kochtechnischen Fertigkeiten? Nichts, was Sie nicht auch mit etwas steifen Fingern und eher langsam bewerkstelligen könnten. Vielleicht wird Ihre Lasagne nicht ganz so aussehen „wie aus der Fabrik", und die Koteletts vom Lammrücken sind vielleicht nicht alle ganz gleichmäßig pariert und zugeschnitten. Aber – ich sage es noch einmal ganz deutlich: Die Fingerfertigkeit für ein solches Gericht kann man nicht mit der Fingerfertigkeit vergleichen, die Sie brauchen, um auf dem Klavier eine Beethoven-Sonate zu spielen – und sei es noch so stolpernd.

Was Sie tatsächlich brauchen, ist kulinarische Intelligenz und ein gewisses Know-how. Das Know-how bringt Sie dazu, etwa die Sauce in sicheren Arbeitsschritten aus einem Lammfond zu entwickeln oder das Fleisch im richtigen Ausmaß anzubraten, fertig zu stellen und ruhen zu lassen – also es gut zu braten und zart zu servieren. Das kann man in jedem Falle lernen, und es ist noch nicht einmal besonders viel Zeit dafür notwendig. Dieser Prozess wird ganz entscheidend beschleunigt und vor allem optimiert, wenn Sie eine allgemeine kulinarische Intelligenz entwickeln, die Zusammenhänge und grundlegende Phänomene begreift und zum Beispiel deswegen grundsätzlich davon ausgeht, dass man das Fleisch nicht zu heiß anbrät, nicht vor dem Braten schon zu stark salzt und pfeffert oder es rundum ganz sorgfältig kolorieren muss, um die berühmte „Maillard-Reaktion" (nennen wir es einfach einmal: den Anbrat-Geschmack) zu realisieren. Es ist dies eine Intelligenz, die zum Beispiel vorausschauend würzt und sich bewusst ist, dass man nicht jedes Element auf dem Teller gleich kräftig würzen darf, und überhaupt die Elemente zueinander in eine Beziehung setzt – sie also ein wenig wie in der Musik in einer Art geschmacklichem Stereo-Panorama verteilt. Diese Intelligenz hat ein grundlegendes Verständnis von

Kochvorgängen, das man dann mit Detailkenntnissen (etwa über die Garung bestimmter Produkte) auffüllen kann. Das Ergebnis ist eine gute Kochleistung, jedenfalls eine viel bessere, als wenn man nur über Detailkenntnisse verfügt, nicht aber über ein komplexeres Gesamtverständnis. Und nun kommen wir zu dem Punkt, wo der Unterschied zu einem hervorragenden Koch am größten und am schwierigsten aufzuholen ist. Dieser Koch hat eine klare Geschmacksvorstellung. Er weiß, wie etwas schmecken kann und muss, um hervorragend zu sein. In vielen Jahren der Beschäftigung mit der Sache hat er vor allem von guten Lehrmeistern, oft auch ganz entscheidend durch viele Besuche in den besten Restaurants der Welt gelernt, was ein guter Geschmack für die einzelnen Produkte ist. Nehmen wir an, Sie hätten also den Lammrücken aus unserem Beispiel nach Vorschrift gegart und keinerlei Fehler gemacht. Reicht das nun aus für ein hervorragendes Ergebnis oder nicht? Vermutlich werden Sie es einfach nicht wissen und es daher einfach nicht feststellen können. Ein Meister seines Faches gart das Fleisch vielleicht zusammen mit ein paar Kräutern, reibt es vorher mit einer Gewürzmischung ein oder würzt es nachher mit dem besten Salz der Welt, vielleicht geht er hin und löst über dem gegarten Fleisch noch ein Stück Butter auf und überglänzt es während der Ruhezeit immer wieder mit dem Bratensaft und der Butter. Am Ende hat er durch diese „Tricks“, vor allem aber durch das Wissen um ihre Wirkung, ein Ergebnis erzielt, von dem er weiß, dass es in keiner Weise schlechter ist als das von dem Drei-Sterne-Kollegen ein paar Städte weiter.

Wenn nun also ein Privatkoch diese Schwelle ebenfalls überwinden will, muss er zwei Dinge realisieren. Er muss seine Geschmacksvorstellung entwickeln, und er muss lernen, diese dann gewonnenen Erkenntnisse kulinarisch zu realisieren. Diese beiden Punkte sind mit Zeit und Geld verbunden, können aber durch intelligentes Verhalten wesentlich verkürzt werden. Es nützt zum Beispiel wenig, nun wahllos in der Gegend herumzufahren und überall einmal etwas zu essen (siehe dazu auch das Kapitel „Systematisch essen“ S. 99). Wer sich aber mit einem klaren Ziel vor Augen ausgewählte Köche ganz genau ansieht, das Essen bewusst zu sich nimmt und geradezu auswertet, sammelt Geschmackseindrücke der professionelleren Art.

Wenn er dann zwischendurch wieder an seinen heimischen Herd tritt, wird er normalerweise seine eigenen Ergebnisse mit denen der Profis vergleichen. In diesem steten Prozess zwischen Vorbild und Nachahmung wird der zukünftige gute Koch geschult. Die Umsetzung der Vorstellung in konkretes Essen wird dabei wieder ganz entscheidend von kulinarisch intelligentem Verhalten geprägt. Wenn sich die Fähigkeit entwickelt, Fehler und Stärken zu erkennen, ist schon einmal viel gewonnen. Wenn sich dann noch die Fähigkeit und Fertigkeit entwickelt, Fehler zu beseitigen und souverän Dinge in den Griff zu bekommen, haben Sie quasi gewonnen, und Ihrem Aufstieg zu einem guten Koch steht nichts mehr im Wege.

Man kann also ganz einfach zu dem Schluss kommen, dass eine hervorragende Kochleistung auch für den Privatkoch realisierbar ist. Und dies durchaus nicht wie in einem Formel-1-Rennstall, wo nur eine große Maschinerie überhaupt ein hervorragendes Auto und einen Weltmeister hervorbringen kann. Nein, in der Küche hat jeder seine Chance, der es ernsthaft und mit Akribie angeht.

Und wie ist es mit dem Talent? Es gibt noch keine Untersuchungen darüber, welche spezifischen Eignungen man braucht, um ein Spitzenkoch zu werden. Auch wenn die Köche dazu neigen, ihre Arbeit zu mystifizieren und immer wieder von „Geheimnissen" zu reden, spricht vieles dafür, dass ein einigermaßen begabter Mensch auch ein guter Koch werden kann. Erst wenn es darum geht, ganz hervorragende Leistungen zu vollbringen, und speziell solche, die wirklich kreativ sind und mit ungewohnten Aromen etwas Neues machen, das trotzdem sofort seine Freunde findet, können wir im engeren Sinne von großen Talenten reden. Allerdings muss man den Begriff „Talent" vielleicht differenzieren, und zwar in ein handwerkliches Talent (das schließlich auch nicht alle haben) und ein „geschmackliches Talent". In diesem Bereich kann es Unterschiede geben, weil die geschmackliche Sensibilität der Menschen unterschiedlich ausgeprägt ist. Es gibt Menschen, die sind hypersensibel (etwa 15 Prozent), können also sehr feine Geschmacksabstufungen wahrnehmen. Es gibt aber auch Menschen, die sind hyposensibel (etwa 12 Prozent) und können nicht so fein wahrnehmen. Die Folgen in der Küche sind klar: Ein nicht so sensibler Mensch braucht relativ kräftige Aromen, also eher etwas rustikales Essen, bis er das Gefühl hat, er hätte einen ordentlichen Geschmack mitbekommen. Der hypersensible Mensch dagegen kann feinste Abstufungen unterscheiden und insofern auch zum Beispiel eine Sauce mit feinsten Nuancen abschmecken. Meine Erfahrungen zeigen eigentlich, dass durchaus nicht alle Spitzenköche hypersensibel sind, und schon gar nicht diejenigen, die eine

Küche machen, die eng an traditionelle Geschmacksbilder angelehnt ist. Es lässt sich selbst bei der absoluten Spitze der Drei-Sterne-Köche nicht wirklich völlig sicher sagen, ob denn jeder dieser Köche solche physiologischen Voraussetzungen (also Hypersensibilität) besitzt. Der Grund dafür ist relativ einfach: Der Unterschied zwischen einem „normalen" Spitzenkoch und den sehr kreativen ist in manchen Fällen so groß, dass man daran zweifeln kann.

Zusammenfassend lässt sich also ohne weiteres behaupten, dass ein normal begabter Mensch mit einer guten Schulung und einer gut entwickelten kulinarischen Intelligenz zu ganz beachtlichen Kochleistungen kommen kann.

Kein Fortschritt ohne Improvisation

Erschrecken Sie nicht gleich bei dem Wort „Improvisation", es hat schließlich ganz unterschiedliche Bedeutungen. Da wäre zum Beispiel die hohe Kunst der Improvisation in der Musik, die wir nicht nur im Jazz finden, sondern die uralte Traditionen hat. Oder die Improvisation im Sinne von Notlösungen, wenn etwa jemand versucht, ein Stück fehlendes Stromkabel mit einer Gitarrensaite zu überbrücken... Die kulinarische Improvisation hat etwas mit dem Abrufen von Wissen in einer spezifischen Situation zu tun, mit dem schnellen Reagieren auf Probleme, aber auch mit einer zügigen Kombinationsgabe. Das klingt jetzt vielleicht noch etwas abstrakt, wird sich aber schnell konkretisieren. Wichtig ist beim Improvisieren das, was dahinter steht, nämlich die eigene Entscheidung, zu einer bestimmten Maßnahme zu greifen, im Gegensatz zum Ausführen der Anordnungen in einem bestimmten Rezept.

Es gibt zwei wichtige Gründe, die dafür sprechen, dass die eigene Entscheidung ein Vorteil ist. Der erste ist ein ganz pragmatischer, den wir schon im Zusammenhang mit dem Einkauf gestreift haben. Wenn Sie Qualität suchen, können Sie auch davon ausgehen, dass Sie sie nicht immer und ohne weiteres „nach Plan" finden. Es wäre also ausgesprochen nützlich, wenn Sie Ihre sorgsam vorbereiteten Menüpläne noch während des Einkaufs ändern und auf diese Weise das Optimum aus dem Angebot herausholen könnten. Sie müssten also improvisieren. Auch Ihre Vorratsökonomie funktioniert am besten, wenn Sie in der Lage sind, ohne ein vorgegebenes Rezept, aber mit Hilfe Ihrer Zutatensammlung ein gutes Essen zu kochen. Nehmen wir an, Sie wollten ein Kalbskotelette am Knochen braten und dazu Champignons nehmen. Die Champignons im Supermarkt aber machten gar keinen guten Eindruck, hatten Druckstellen und wirkten überhaupt unfrisch. Sie erinnern sich aber, dass Sie zu Hause noch einen guten Risotto-Reis haben und auch die weiteren Zutaten dazu nicht fehlen. Also machen Sie eben ein Risotto dazu. Und weil Ihr Blick während des Kochens auch noch auf ein paar Pinienkerne fällt, mischen Sie diese Pinienkerne am Schluss unter das Risotto, und weil noch etwas Thymian auf der Fensterbank steht, geben Sie den auch noch zu dem Kalbskotelett dazu. Auf diese und ähnliche Weise kann man – wenn man nicht zu verwegen und kulinarisch intelligent dabei vorgeht – sehr gute Sachen machen.

Sie sollten die Improvisation aber nicht allein deshalb probieren, weil es eben sehr praktisch sein kann, sondern weil Sie wissen, dass sie die kulinarische Intelligenz nicht nur fordert, sondern auch fördert. Wer nach einem Rezept kocht, führt Anordnungen aus, von denen er annimmt, sie hätten schon so ihre Richtigkeit. Das ist in vielerlei Hinsicht aber ein Trugschluss. Selbst wenn in einem Rezept grammgenau steht, was an Zutaten erforderlich ist, ist vermutlich jedes danach gekochte Gericht etwas anders. Man kann einfach bei einem Rezept nicht hundertprozentig genau aufschreiben, was man tun muss, um ein bestimmtes Ergebnis zu bekommen. Da sind zum Beispiel die merkwürdigen Mengenangaben wie „eine mittlere Zwiebel". Was soll das sein? 20 Gramm, 30 Gramm oder 40 Gramm? Der Unterschied zwischen der durchaus möglichen Interpretation „20 Gramm" und der von 40 Gramm kann ein völlig andersartiges Geschmacksbild produzieren. Rezepte können nie mehr als ein Anhaltspunkt sein, sie können vielleicht anregen, etwas Ähnliches zu machen. Genau danach kochen kann man nicht, oder man läuft eben Gefahr, dass das Ergebnis bescheiden ausfällt. Um die notwendige Interpretation eines Rezeptes aber gut hinzubekommen, brauchen Sie die Fähigkeiten, die durch Improvisation geschult werden, also die Fähigkeit, selber nachzudenken und viel zu probieren und dann zu sagen, wann es für Sie gut ist oder nicht. Im Grunde ist dies das Allererste, was ein künftiger Privatkoch lernen sollte: so oft wie möglich selber zu entscheiden, ob er etwas gut oder schlecht findet, und diese Entscheidung nicht an ein Rezept zu delegieren. Sie sind der Koch, nicht das Rezept, selbst dann nicht, wenn es von einem hervorragenden Meister seiner Zunft geschrieben wurde.

Soll man eigene Rezepte entwickeln?

Die Frage, die sich nach dem Kapitel über die Improvisation stellt, ist: Soll man denn nun auch eigene Rezepte entwickeln? Wir sollten vielleicht zunächst einmal die Improvisation nicht grundsätzlich als ein eigenes Rezept betrachten, sondern eher als eine Form, sich auch in schwierigeren Situationen zurechtzufinden und andererseits die eigene geschmackliche Entscheidungsfähigkeit zu schulen. Ein ernst zu nehmendes Rezept sollte schon etwas mehr Überlegung haben als eine Improvisation und vor allem reproduzierbar sein. Wenn Sie mit den Produkten, die Sie gerade so im Haus haben, eine schöne Pastasauce machen, werden Sie kaum Mengen abmessen, sondern sich auf Ihre Intuition verlassen und eben auch immer wieder abschmecken, ob noch etwas fehlt. Die Entwicklung eigener Rezepte sollte da schon eine Art Zusammenfassung diverser Detailerkenntnisse sein, die Sie – durchaus im Verlauf von Improvisationen – gewonnen haben.

Bevor Sie aber nun auf die wildeste Art und Weise zum Küchenkreativen werden, möchte ich noch auf ein paar Probleme hinweisen. Forcieren Sie nicht zu stark und halten Sie nicht jede beliebige Sauce, in die Sie vielleicht eine merkwürdige Zutat gegeben haben, schon für einen besonderen Geniestreich. Es ist nun einmal so, dass der Mensch angesichts erster kreativer Ergebnisse aus seiner Hand gerne zu Überbewertungen neigt. Im kulinarischen Sektor ist es jedenfalls ausgesprochen peinlich, wenn wieder einmal jemand in einer vorgefertigten Sauce aus dem Supermarkt eine Kräuterkäseecke aufgelöst hat und das schrecklich dichte und penetrante Ergebnis auch noch für eine Großtat hält. Wenn Sie nach den ersten fünfzig eigenen Rezepten auf solche Anfänge zurückblicken, werden Sie noch besser verstehen, was ich meine. Und dennoch rate ich dringend zu eigenen Versuchen, und zwar mehr oder weniger von Anfang an. Wenn Sie – vielleicht auch geschult durch regelmäßige Besuche in anregenden Restaurants (siehe Kapitel „Unterwegs" S. 96) – ein wenig Distanz zur Qualität der eigenen Rezepte halten, kann es eigentlich nur aufwärts gehen. Die Rezepte werden immer ein Spiegel Ihrer kulinarischen Kenntnisse und Intelligenz sein, weswegen es auch vermessen wäre, die ersten Versuche gleich schon für wesentlich zu halten. Freuen Sie sich darüber, wenn es Ihnen, Ihrer Familie und/oder den Freunden gefällt, aber behalten Sie einen kühlen Blick für die realen Qualitäten. Laien und Profis haben in diesem Sektor eines gemeinsam:

Sie entwickeln Techniken der Selbstblockade, weil sie sich für zu gut halten, und meinen, sie wären in ihrer Genialität nur noch nicht richtig entdeckt. Glauben Sie so etwas nicht, und glauben Sie auch nicht unbedingt dem Lob Ihrer Freunde: Erst wenn Sie endgültig wissen, dass alles immer auch noch besser werden kann, sind Sie auf dem richtigen Weg nach oben. Die alte Formel „Ich weiß, dass ich nichts weiß" sollte man nicht als den Ausdruck von Bescheidenheit interpretieren, sondern als die für das weitere Fortkommen enorm wichtige Feststellung, dass es noch viel weiter gehen kann. Eine solche Erkenntnis ist ohne Zweifel das Ergebnis einer gut ausgebildeten kulinarischen Intelligenz.

Für die Praxis gibt es einige klare Tipps. Wenn Sie die ersten Versuche hinter sich haben, werden Sie mit ziemlicher Sicherheit ein klein wenig zu mutig und werfen allerlei Dinge gemeinsam in den Topf, deren Zusammenwirken Sie sich vorher nicht besonders lange überlegt haben. Dieser Kreativrausch überfällt fast jeden und ist ganz normal. Wichtig ist, dass man seinen guten Geschmack nicht verliert und wieder zu einer etwas systematischeren Arbeit zurückkehrt. Es ist in jedem Falle nicht schlecht, ein wenig überlegter und systematischer zu arbeiten.

Im „Tomatensuppen-Beispiel" ganz zu Beginn habe ich beschrieben, dass man immer wieder abschmecken muss und sich peu à peu vorarbeiten sollte. Bei neuen Kreationen ist dies besonders wichtig. Versuchen Sie nicht unbedingt den genialen Wurf mit einem Stückchen Süßholz in der Pilzsuppe (obwohl: ... vielleicht sollte man das einmal ausprobieren ...), sondern arbeiten Sie sich langsam voran. Wichtig ist dabei eine perfekte Dokumentation der Zutaten und ihrer Mengen. Mir passiert es auch heute noch regelmäßig, dass ich irgendetwas Ungewöhnliches gemacht habe, aber schon beim Essen nicht mehr genau weiß, was ich denn da eigentlich gemacht habe. So etwas kann wirklich eine verschenkte Sache sein. Wenn Sie weiter fortgeschritten sind, sollten Sie auch ruhig versuchen, sozusagen am Schreibtisch Entwürfe zu machen. Sie wissen dann vielleicht schon, wie grundsätzliche Dinge gemacht werden, und können schon in der Theorie weitgehend festlegen, was Sie machen wollen. Diese Arbeitsweise findet sich übrigens bei vielen guten Profis und bei quasi allen Weltklasse-Köchen. Der Vorteil dieser Arbeitsweise ist oft ein etwas genaueres Überlegen, was denn nun eigentlich funktionieren könnte. Eine weitere Variante der Entwicklung eigener Rezepte ist die systematische Arbeit daran. Man kann – gerade in aller Ruhe zu Hause – erhebliche Fortschritte machen, wenn man sich – auch ohne ein perfektes Fachwissen – systematisch ans Probieren macht. Sie überlegen also, welche Kräuter man zur Infusion in eine Tomatensuppe geben sollte? Probieren Sie es aus, und zwar ohne lange zu überlegen. Probieren Sie bestimmte Mischungen und bestimmte Dosierungen. Im Vergleich zu den Profis können Sie dann sogar davon ausgehen, dass diese für solche Dinge in der Regel gar keine Zeit haben. Es empfiehlt sich übrigens, ältere Kreationen nach einer gewissen Zeit wieder hervorzuholen und zu überprüfen. Wenn Sie sich zügig entwickelt haben, werden Sie sich wundern, was Sie da am Anfang zusammengekocht haben. Und denken Sie immer daran: Wenn Sie wirklich gut werden wollen, müssen Sie Ihre eigenen Kreationen auch schlecht finden können. Wenn die Gäste Sie einmal wieder ganz besonders gelobt haben, so sollten Sie sich freuen. Wenn Sie gleichzeitig aber genau wissen, dass das noch kein gutes Gericht war, sollten Sie lieber sich selber trauen.

Kochen (fast) ohne Geld: Kann man mit Supermarktprodukten eine gute Küche machen?

Immer wieder kann man in Büchern berühmter Köche lesen, dass es ohne ein hervorragendes Grundprodukt keine hervorragende Küche gibt. Der französische Großmeister Alain Ducasse, der über ein weltweites Imperium von Spitzenrestaurants verfügt und der mit Abstand am besten verdienende Koch ist, benutzt zur Erläuterung immer ein geflügeltes Wort: „Ein guter Steinbutt mit einem schlechten Koch ist besser, als ein schlechter Steinbutt mit einem guten Koch." Ducasse und seine Kollegen haben sicherlich Recht. Aber ihre Aussagen sollten doch in erster Linie auf die absolute Spitzenküche beschränkt bleiben. Wenn ich unterwegs bin, um über Restaurants zu berichten, spielt es natürlich eine große Rolle für die Einordnung der Küchenleistungen, ob hier – wo ja im Prinzip grundsätzlich alles ziemlich gut ist – durch die Verwendung ausgesucht guter (und damit seltener und ziemlich teurer) Grundprodukte auch noch das letzte Quäntchen an Qualität angestrebt wird. Andererseits spielt eben ab und zu selbst in der Spitzenküche die Produktqualität nicht immer eine so große Rolle. Es kommt bisweilen einfach auf die Zubereitung an. Wenn also jemand eine Art stark gewürztes orientalisches Reisgericht kocht und als Einlage Lammfleisch benutzt, wird es kaum von Belang sein, ob das nun ein Pauillac- oder Sisteron-Lamm ist. Ein anderer macht vielleicht ein Tomatenkompott mit Honig (so etwas wird meist „Tomatenmarmelade" genannt), bei dem man auch mit einer Durchschnittsqualität von Tomate ein sehr gutes Ergebnis erzielen kann. Die Super-Luxus-Produktqualität wird nur dann deutlich zum Tragen kommen, wenn man sie direkt und ohne viel Drumherum sprechen lässt. Wenn also der Steinbutt bei Alain Ducasse nur mit einer Beurre blanc (Buttersauce) serviert wird, lässt sich die Produktqualität sehr deutlich erkennen. Nun will ich hier nicht irgendeiner Trickserei mit Produktqualitäten das Wort reden. Aber – man sollte nicht den Eindruck erwecken, als könne man mit „normalen" Produkten aus dem ganz normalen Angebot keine vernünftige Küche machen. Ich habe übrigens einmal in einem meiner Seminare über Restaurantkritik im Rahmen der Deutschen Akademie für Kulinaristik einen Test gemacht. Ich hatte den Koch (einen Zwei-Sterne-Koch) gebeten, in einem kleinen Gericht einmal Fleisch von einem Bresse-Huhn (Ober- bis Spitzenklasse) zu nehmen und einmal ein normales Supermarkthuhn eines großen Anbieters. Die Teilnehmer der Runde haben das weitgehend bemerkt, allerdings erst, nachdem ich nachgefragt hatte, ob ihnen da nicht etwas aufgefallen wäre. Um möglichen Missverständnissen vorzubeugen, wiederhole ich also hier noch einmal das, was im Kapitel über Qualität zu finden ist. Suchen Sie immer und überall nach der besten Qualität.

Hier geht es aber jetzt um die Frage, ob man durch das normale Angebot an Produkten grundsätzlich in seinem kulinarischen Fortkommen behindert wird. Die Antwort muss ganz klar lauten: Nein, Sie können auch mit Supermarktprodukten und selbst mit einigen Dingen, die Sie bei Discountern kaufen können, eine gute Küche machen. Es kommt eben sehr darauf an, was Sie machen wollen. Generell gilt, dass viele Basiszubereitungen und Zubereitungen, bei denen relativ viel „manipuliert" wird, keine besonders spezielle Produktqualität brauchen. Hier noch ein paar Beispiele. Für gute Saucen braucht man Fonds/Brühen. Diese Fonds lassen sich ohne weiteres mit Produkten aus dem Supermarkt herstellen. Sie brauchen Fleisch und Knochen dafür, bei denen es kaum auf spezielle Qualitäten ankommt, und auch das übliche Gemüse steht einer guten Arbeit nicht im Wege. Sie können also im Prinzip Weltklasse-Saucen machen, ohne irgendwelche Probleme mit dem Material zu bekommen. Ähnlich sieht die Sache bei selbst gemachter Pasta aus. Auch wenn die italienischen Meisterköchinnen wie Nadia Santini teilweise für jede Pastasorte eine andere Sorte Ei einsetzen und diverse

Mehlsorten benutzen, ist bei der Pasta eher entscheidend, dass sie frisch gemacht ist und weniger, welches Mehl exakt daran beteiligt war. Viele Suppen lassen sich ebenfalls ohne Luxusprodukte realisieren. Salate dagegen können je nach Typ schon wieder schwieriger umzusetzen sein, und simple Kartoffeln sind heutzutage kaum noch in guter Qualität vorhanden. Gut zu machen sind alle Formen von Eintöpfen, Ragouts, Kompotten und vor allem auch Schmorgerichte. Man muss bei Letzteren sicher etwas auf die richtigen Stücke achten, sollte aber ebenfalls damit keine größeren Schwierigkeiten haben. Ein großes Problem ist der Fisch, der in den meisten Supermärkten nur in sehr schwacher Qualität vorhanden ist. Wollte man es ganz krass ausdrücken, müsste man sagen, dass ein Normalbürger mit seinen normalen Einkaufsmöglichkeiten auf von weither geholten Fisch besser verzichten sollte. Sie verderben sich und Ihrer Familie oder Ihren Gästen nur den Geschmack für dieses empfindliche Frischprodukt. Von Tiefkühlprodukten sollte man in diesem Falle ebenfalls Abstand nehmen. Es wird zwar immer damit geworben, dass ja schließlich der Fisch direkt nach dem Fang eingefroren wird und er daher so frisch sei wie nur eben möglich. Tatsächlich verträgt der Fisch aber das Einfrieren und vor allem das Auftauen sehr schlecht. Besorgen Sie sich im Binnenland lieber fangfrische regionale Fische. Das ist in jedem Falle erfreulicher. Natürlich gibt es Ausnahmen. Aber solange die Kennzeichnung der Fische (und vor allem der Fischfilets) nicht so präzise ist, wie sie sein könnte, bleibe ich misstrauisch. Etwas anderes ist es, wenn Sie den seltenen Fall erleben, dass ganze Fische angeboten werden und Sie einige Frischemerkmale selber überprüfen können.

Trotzdem gilt im Prinzip aber etwas Entspannung: Es geht eben doch. Der Hinweis darauf, dass man durchaus mit vielen Produkten aus dem Supermarkt recht gut arbeiten kann, wenn man sie für Gerichte verwendet, bei denen man allerlei mit ihnen anstellt, verweist auf einen wohl überlegten Einsatz, also auf kulinarische Intelligenz. Machen Sie das Beste aus den Möglichkeiten, die Sie haben, und geben Sie nicht auf, nur weil irgendein Super-Luxus-Produkt nicht zu bekommen ist.

Der Gerätepark: Weniger ist mehr

Man muss es so deutlich sagen: Bei den Küchengeräten und der Einrichtung von Küchen verlassen wir (mich eingeschlossen) regelmäßig die Pfade von Tugend und Intelligenz. Auf die Gefahr hin, bei diversen

Küchenherstellern ein Stirnrunzeln zu erzeugen, möchte ich die Meinung vertreten, dass die normalen Kücheneinrichtungen und eine Vielzahl der Geräte mit gutem Kochen nicht viel zu tun haben oder es sogar behindern. Ich selber bin zum Beispiel schon seit vielen Jahren in einer Dauerdiskussion mit meiner Frau über die Einrichtung unserer Küche. Diese Diskussion hat quasi jede Anschaffung blockiert, so dass ich immer noch in meiner alten Küche arbeite (wenn auch mit einer ganzen Reihe etwas spezieller Geräte). Der Grund ist ganz einfach und dürfte dem einen oder anderen von Ihnen nicht unbekannt sein (vor allem den Männern): Ich möchte am liebsten eine ziemlich professionelle Küche haben, im professionellen Handel gekauft, natürlich ganz in Edelstahl. Meine Frau hält das grundsätzlich für eine Imbissstuben-Ästhetik ...

Haben Sie eigentlich schon einmal eine richtig professionelle Küche eines Spitzenrestaurants gesehen? Wenn nicht, würden Sie verwundert sein, wie wenig dort zu sehen ist. Es gibt einen oder mehrere Herde, die „Salamander" genannten Grills, in den Edelstahltheken verbergen sich Warmhalteschränke oder Kühlfächer, Sie sehen vielleicht einen Kombi-Garer oder ein „Hold-O-Mat" genanntes Gerät, in dem sehr präzise bestimmte Temperaturen eingehalten werden können (z.B. zum langsamen Garen bei Niedrigtemperatur). Was Sie normalerweise nicht finden werden, sind die vielen „praktischen" Dinge, die man den Laien immer verkaufen will. Sie werden noch nicht einmal größere Mengen Topfdeckel finden, und schon gar nicht die überaus „praktischen" Öfen, die angeblich alles wie von selber garen. Aber das ist noch nicht alles. Wenn Sie die Küche in Betrieb sehen, wird Ihnen vor allem auffallen, wie wenig Platz die einzelnen Köche zum Arbeiten haben. Normalerweise hat ein Koch vor sich eine Theke und vielleicht ein Wandregal und hinter sich den Herd. Während der hektischsten Arbeitszeit mitten im Service bewegt er sich quasi auf der Stelle. Müssten er und seine oft zahlreichen Kollegen und Kolleginnen ständig hin- und herlaufen, gäbe es das totale Chaos in der Küche.

Schnitt. Wir erinnern uns an die Werbung diverser supermoderner und teurer Küchenhersteller. Die Elemente der Küche stehen längst nicht mehr in einer Zeile, sondern weit verstreut in riesigen Räumen. In der Mitte gibt es vielleicht eine Kücheninsel, andere Teile sind Meter weit entfernt. Immer wieder höre ich Geschichten von Leuten, die sich große und teure Küchen gekauft haben, obwohl Sie weder kochen können noch die Küche wirklich benutzen. Was aber braucht dann ein intelligenter Koch? Nicht viel. Aber damit muss er gut umgehen können. Wenn man sich einmal von den Klischees befreit und überlegt, was man denn eigentlich wirklich in der Küche haben sollte, kommt man zu gewissen generellen Aussagen. Nehmen wir als Beispiel einmal die Hitze. Welche Art von Hitze braucht man zum normalen Kochen? Man braucht eine starke Hitze, um etwa Fleisch anzubraten. Man braucht eine mittlere Hitze, um Sachen längere Zeit schmoren oder köcheln zu lassen, und man braucht eine geringe Hitze, um bestimmte, meist schon fertige Zubereitungen warm zu halten. Ein großer professioneller Herd der klassischen Art hat alle diese Möglichkeiten in sich vereint. In der Mitte des Herdes, direkt über den Gasflammen, ist es sehr heiß, man kann dort Fleisch usw. anbraten. Etwas außerhalb der Mitte kann man Dinge fortkochen lassen, am Rande kann man sie warm halten. Das ist das Urprinzip der professionellen Küche, und wenn Sie einigermaßen gut kochen wollen, werden Sie diese drei Hitzestufen zwangsläufig brauchen. Sie würden also etwas stark erhitzen, und – zack! – könnten Sie es zur Seite ziehen auf eine Stelle, wo es weiterköcheln kann und nicht überkocht oder anbrennt. Das zum Beispiel geht auf Ihrem normalen Elektroherd zu Hause schon einmal nicht. Theoretisch könnten Sie eine der Platten schon einmal auf niedrigere Temperatur vorheizen, um das angebratene Stück dorthin zu ziehen. Aber das ist gefährlich, weil eine unbesetzte Platte vielleicht überhitzt, glühend wird und eine Brandgefahr darstellt. Zum reinen Warmhalten andererseits ist der Elektroherd ja noch gut geeignet. Bei einem Gasherd ist aber oft selbst die kleinste Flamme zu heiß, um ein warmes Tomatenkompott nur warm zu halten und es nicht anbrennen zu lassen. Mit dem Anbraten ist es bei einem Gasherd natürlich sehr schön. Man zündet die größte Flamme an und hat quasi unmittelbar eine große Hitze, während es bei einer Elektroplatte eine ganze Zeit dauern kann, bis die Hitze da ist. Sie müssten also Ihren Gasherd mit so genannten Fortkochplatten ergänzen und könnten dann hoffen, dass alles so funktioniert, wie Sie sich das vorstellen. Die nächste Alternative wären Induktionsplatten, die man – ohne dass etwas zu stark erhitzt – auf eine bestimmte Stufe stellen kann und die dann nur exakt die eingestellte Energie abgeben. Ich habe zum Beispiel meinen Elektroherd um eine starke Induktionsplatte und um eine sehr große Warmhalteplatte (aus dem Pizzeria-Bereich, in Edelstahl) ergänzt. Das sieht ziemlich zusammengestückelt aus, funktioniert aber hervorragend. Wenn Sie nur an Ihre Bedürfnisse denken, kommt jedenfalls eine ganz andere Küche dabei heraus, als wenn Sie sich an den vielen Möglichkeiten aus der Werbung für „Superküchen" orientieren. Es kann ja sein, dass gerade das Dämpfen mal wieder „in" ist. Brauchen Sie deshalb einen Dampfgarer? Machen Sie sich doch erst einmal ein Bild und fangen Sie mit einem asiatischen Dämpfeinsatz an, oder benutzen Sie Ihren billigen Teflon-Elektro-Wok als Dampfgarer. Probieren Sie ein bisschen hin und her, und wenn Sie dann meinen, es würde nicht so richtig funktionieren, können Sie ja immer noch einen Dampfgarer kaufen. Denken Sie aber bei alledem an eine Sache: Jedes Gerät will gespült und gepflegt sein. Wenn Sie alle Jubeljahre einmal etwas zerhacken wollen, brauchen Sie keine Kitchen-Aid, und wenn sie noch so viel hermacht. Ich persönlich mache alles von Hand, was man irgendwie von Hand machen kann.

Wenn Sie jemals nicht nur mit steifen Fingern Ihr Quartalsgericht gekocht haben, sondern im Dauereinsatz stehen und vor allem öfter mehrgängige Menüs kochen, wissen Sie, dass in einer Küche vor lauter praktischen Geräten das reine Chaos ausbrechen kann. Was man wirklich braucht – siehe oben –, ist ein Fleckchen von zwei Quadratmetern und fast alles in Reichweite, was man häufiger benutzt. So manche winzige Ein-Mann-Küche in manchen Restaurants ist nicht deshalb so klein, weil man keinen Platz hat. Sie ist deshalb so klein, weil mehr Platz nicht gebraucht wird. Wenn Sie Ihren Arbeitsplatz in der Küche intelligent nach dem Prinzip der Häufigkeit des Gebrauchs organisieren, werden Sie sich wundern, wie wenig Platz Sie brauchen. Denken Sie zum Beispiel auch daran, dass man beim Kochen oft nur eine Hand frei hat. Wenn man nun etwas braucht, was hinter einer Tür versteckt ist, ist das sehr unpraktisch. Und so weiter und so fort. Eine intelligent zusammengestellte Küche sieht nicht mehr unbedingt blendend aus. Aber sie funktioniert. Vor einiger Zeit habe ich einmal mit dem Chef eines der größten deutschen Hersteller für hervorragende Küchen gesprochen. Natürlich fand er die Konsequenzen aus meinen Überlegungen nicht gerade hilfreich für die Küchenindustrie. Aber er konnte sie im Kern nicht entkräften. Ich habe ihm dann vorgeschlagen, einmal über eine Art Küchencockpit nachzudenken, also eine Art Kochinsel, die mindestens an drei Seiten ziemlich zugebaut ist, um all das aufnehmen zu können, was man zügig in Griffweite haben muss. Bevor es jetzt wieder mit der Technik losgeht, bitte ich Sie noch um Achtung für die

Leute in manchen ländlichen Gegenden. In einer perfekten Symbiose aus Mensch und jahrzehntealten Küchenapparaturen werden dort hervorragende und sehr individuell schmeckende Sachen gekocht. Es geht aber nicht um Küchenromantik, es geht darum, dass Sie sich mit kulinarischer Intelligenz Ihren „maßgeschneiderten" Arbeitsplatz schaffen.

Kochen für Gäste: Warum man selbstlos sein sollte

Hat das Kochen für Gäste auch etwas mit kulinarischer Intelligenz zu tun? Ja, aber vielleicht etwas anders, als es den Anschein haben könnte. In diesem Teil des Buches geht es ja um das „Selber Kochen", und darauf möchte ich mich hier auch beschränken. Natürlich kann man das Essen für Gäste intelligent vorbereiten, um dann, wenn die Gäste da sind, möglichst wenig zu tun zu haben und sich intensiv seinen Gästen widmen zu können. Dazu brauchen Sie aber keine höhere Intelligenz, sondern nur etwas solide kulinarische Vorüberlegungen. Trotzdem möchte ich Ihnen empfehlen, nicht grundsätzlich den einfachsten Weg zu gehen, sondern einmal präzise darüber nachzudenken, ob nicht durch entspannte Vorbereitung am Vortag nicht nur Ihr Arbeitsaufwand am Besuchstag reduziert werden kann, sondern auch ein recht ansehnliches Menü zustande kommt, das einmal von dem üblichen Vorspeise-Hauptgericht-Dessert-Schema abweicht und etwas länger und spannender gerät. Viele Suppen kann man am Vortag machen, und auch Schmorgerichte aller Art, diverse Saucen, Füllungen usw. usf. sind ohne Probleme vorzubereiten. Ich will hier aber auf etwas anderes hinaus und geradezu daran appellieren, dass Sie sich als Botschafter der Esskultur verstehen und keine Mühen und keinen Aufwand scheuen, andere Leute davon zu überzeugen, wie phantastisch ein richtig schönes Menü ist, das sich über fünf oder sechs Stunden hinzieht und das ein großartiges, lange in der Erinnerung bleibendes kulinarisches Erlebnis sein kann. Vielleicht sollte man einmal darauf hinweisen, dass in diesem Sektor zu Hause Möglichkeiten bestehen, die selbst in der Spitzengastronomie kaum realisierbar sind oder einen horrenden Preis haben. Nehmen wir nur einmal das Beispiel Wein. Wenn Sie ein etwas avancierterer Weinfreund sind, werden Sie vielleicht zu festlichen Anlässen Weine trinken, die im Einkauf 25 bis 40 Euro gekostet haben. In einem Spitzenrestaurant werden die Einkaufspreise für Wein aber häufig mit 6 oder 7 multipliziert und ergeben dann sehr hohe Endpreise. Eine solche Flasche, die

je nach Gebiet schon sehr gut sein kann, aber auch (z.B. bei roten Bur-
gundern oder Bordeaux) unter Umständen enttäuschend ausfällt, würde
Sie also schnell 150 bis 250 Euro pro Flasche kosten! Ein Menü für 6
Personen (diese Zahl ist für Menüs mit gutem Wein ideal, weil dann
pro Gang eine Flasche Wein getrunken werden kann) wird dort mit
einigen sehr guten Flaschen ein Vermögen kosten. Natürlich kann das
in einem Spitzenrestaurant ein ganz besonderes Vergnügen sein, aber
die Erlebnisqualität eines häuslichen Menüs von Rang sollte man nicht
unterschätzen. Wenn Sie das selber schon öfter gemacht haben, werden
Sie wissen, was ich meine. Andernfalls rate ich dringend dazu, es zumindest einmal auszuprobieren.

Voraussetzung ist neben ausreichenden kulinarischen Kenntnissen
vor allem eine Geisteshaltung, die heute nicht mehr sehr stark verbreitet
ist. Sie müssten in Vorleistung treten, und das ohne Hintergedanken,
ohne Spekulationen darüber, ob Sie vielleicht von Ihrer Veranstaltung
profitieren können, auch ohne Hintergedanken, ob Sie denn nun eine
adäquate Gegenleistung in Form von mitgebrachten Präsenten eines
ansprechenden Kalibers oder in Form von gleichberechtigten Gegeneinladungen bekommen. Schon aus diesem Grunde sollte man die
richtig schönen und großen Menüs nur für gute Freunde, nicht aber
für Geschäftspartner oder ähnliche Stressfaktoren machen. Tun Sie es
einfach für die Sache an sich, für das große Fest mit seiner unnach-
ahmlichen Dramaturgie von vielleicht noch etwas unklarem Beginn
über das langsame Warmwerden bis zu entspannter Geselligkeit, ange-
regt, begeistert, voller guter Vorsätze, so etwas öfter zu machen oder
gleich sein ganzes Leben zu ändern… Kennen Sie den Film „Babettes
Fest"? Dort wird die Wirkung eines guten Essens auf das menschliche
Zusammenleben einfach wunderbar dargestellt. Andererseits: Es ist
wirklich mit furchtbar viel Arbeit verbunden. Ich habe lange Jahre solche Menüs gemacht, und zwar ganz alleine alle Vorbereitungen in der
Küche, alleine gekocht, und wir haben auch noch hinterher das Geschirr
von Hand gespült. Dass ich heute gut vierzig Töpfe in der Küche habe,
liegt vor allem daran, dass ich bei diesen Menüs keine Zeit hatte, immer
wieder aufs Neue die Töpfe zu spülen… Es war also schrecklich und
hat mich jeweils drei Tage Arbeit gekostet. Am ersten Tag die Einkäufe
und das Herstellen der ersten Gerichte, wie z.B. diverse Sorbets oder
Parfaits. Am zweiten Tag quasi ganztägiges Kochen – wobei der Genuss
von Wein beim Essen die Sache noch zusätzlich erschwerte – am dritten

Tag war ich krank vor Erschöpfung, es musste aber noch alles wieder in Ordnung gebracht werden. Wie gesagt, es war schrecklich, und es gab so gut wie keine Gegeneinladungen. Wenn wir dann wieder ein Menü machten, kamen allerdings alle sofort und mit fliegenden Fahnen. Ich habe damals wirklich riesige Menüs gekocht, die allerdings nie dazu führten, dass man „überfressen" war. Irgendwie hatten die Menüs das richtige Timing zwischen Zeitaufwand (5–7 Stunden) und Leichtigkeit der Zubereitungen. Damit Sie sich den Arbeitsaufwand einmal etwas vorstellen können, hier ein Beispiel für ein solches Menü (das Menü fand am 18. 5. 1997 statt. Im Jahre 1997 habe ich etwa zwanzig solcher Menüs gekocht, jeweils deutlich unterschiedlich):

Algenteller mit Salicornes, Nori und Dulce, Ingwerconfit, Forellen-kaviar, Olivenöl und Calendula-Blüten
Millefeuille von der Taube und Foie gras, karamellisierte Zwiebeln, Kräutersalat
Langustinen mit Feigenchutney und Jus „Route des Iles"
Rotbarbe mit Fenchelgemüse, Gurkenmarmelade und Terrine von Zitrusfrüchten mit seltenen Pfeffern
Wachteln aus dem Pilzsud, Morcheln, getrüffeltes Kartoffelpüree
Lammfilet, neue Kartoffeln mit Fleur de Sel, Knoblauch mit Orange konfiert, Tomatenkompott mit Kastanienhonig, Sandmöhren und Gewürzjus
Käse (Affineur Vervloet, Antwerpen)
Rhabarber mit Bourbon-Vanille, Erdbeeren mit Balsamico und Amarena-Parfait
Frische Feigen mit Cassis und Porto, Creme von kandierten Früchten mit Galanga und Lebkuchengewürz
Tarte von Guanaja-Schokolade mit „Trebizonde", Coulis von roten Johannisbeeren

Ich sagte Ihnen ja: Der Aufwand war schrecklich, und ich war völlig fertig. Schon damals habe ich unseren Gästen gesagt, dass ich das wohl nicht für alle Zeiten so weitermachen werde. Aber – warum erzähle ich Ihnen das? Diese Anstrengungen gehören sicherlich zu den lehrreichsten kulinarischen Dingen, die ich gemacht habe. Dabei ist die Küchenorganisation nur ein Teil, der aber durchaus mit Stolz und

Freude erfüllen kann, vor allem dann, wenn alles mustergültig und ohne jede Schwierigkeit abgelaufen ist. Viel wichtiger ist eine Art psychisches Eintauchen in die Welt der Küche und des Genusses, wie man es vielleicht nur auf diese Weise erleben kann. Für die Zeit dieses Essens war man auf einem anderen Planeten, in einer anderen Welt, in einem Zustand des reinen Genusses, bei dem es nicht mehr um Sättigung oder sonst etwas ging, sondern sozusagen ein Kurzschluss zwischen Essen, Emotion und Psyche stattfand. Etwas später habe ich dafür den Begriff der „reinen Degustation" gefunden. Diese Mischung also, aus viel Arbeit, guter Küche, Gastlichkeit und einer sich automatisch ergebenden, vollständigen Konzentration auf die Dinge, die uns unsere wunderbaren Geschmacksnerven mitteilen können, ist etwas, das der kulinarisch intelligente Mensch unbedingt kennen lernen sollte. Insofern ist das Kochen für Gäste selbst in einer extrem „einseitigen" Form gar nicht einmal so selbstlos. Unsere Gäste haben sich sehr gefreut, am meisten davon hatte aber vermutlich ich selber.

Essen lernen – Essen verstehen

Vorbemerkung

Wenn Sie das Buch schon bis zu dieser Stelle gelesen haben, brauche ich Ihnen vermutlich nicht mehr zu erläutern, wieso man beim Essen etwas lernen kann, wodurch man Essen besser verstehen kann und dass damit mehr Genuss und mehr Erlebniswert zu gewinnen ist. Trotzdem möchte ich nochmals darum bitten, vor dem Lesen dieses Kapitels keine unnötigen Schranken nach dem Motto „Was gibt es denn da zu verstehen!" oder sogar „Entweder es schmeckt, oder es schmeckt nicht!" aufzubauen. Die folgenden Erläuterungen haben nur den einen Zweck, nämlich anzuregen, mit offenem Geist und auch unter Einsatz von intensiverem Nachdenken dieses hochinteressante Gebiet genauer zu untersuchen und die geschmackliche Wahrnehmung zu ungeahnten Höhepunkten zu bringen. Es ist möglich, mit einer relativ kleinen Umstellung der Annäherung an Essen buchstäblich in neue kulinarische Welten vorzustoßen, und – dieser Vorstoß ist so gut wie jedem von uns möglich, ohne dass Sie dafür in besonderem Maße geeignet sein müssten oder eine besonders große Menge an Wissen anzuhäufen hätten.

Wie wir essen

Es geht hier keineswegs darum, Ihre ganz persönliche Esstechnik nach Art einer Benimm-Schule zu erläutern. Für das Problem, mit dem ich mich hier beschäftigen möchte, können Sie ruhig mit den Fingern oder mit zwei Messern gleichzeitig essen. Sie müssen dabei auch nicht gerade am Tisch sitzen und sich vorher frisiert haben. Es geht um das, was sich beim Essen in unserem Mund und im Kopf tatsächlich abspielt.

In fast allen Fällen essen wir vor allem automatisch und damit unter Ausschaltung jedes genaueren Reflexes über das, was wir da gerade tun. Im kulinarischen Teil unseres Gedächtnisses ist all das (oder zumindest ein großer Teil davon) abgespeichert, was wir im Laufe unseres Lebens in diesem Sektor registriert haben. Das können früheste Kindheitserinnerungen sein (darunter auch durchaus solche, die uns nicht mehr richtig bewusst sind) oder ganz konkrete Erlebnisse von einem Essen vor vier Tagen. Mit den verschiedensten Nahrungsmitteln haben wir bestimmte Erinnerungen verknüpft, die im engeren Sinne kulinarischer Art, aber auch nicht-kulinarischer Art sein können. Meist verknüpfen sich positive geschmackliche Erlebnisse auch mit positiven Ereignissen rund um das Essen, wie etwa eine schöne Familienfeier oder ein Restaurantbesuch am Mittelmeer bei Sonnenuntergang mit phantastischer Meeresfrüchte-Pasta „bei Luigi".

Es gibt aber auch – und das nicht zu knapp – negative Verknüpfungen, die uns das Essen bestimmter Produkte sehr erschweren bis unmöglich machen. Wer die etwas glibberigen Austern mit Schleim oder anderen unschönen Dingen verbindet, wird große Probleme damit haben, sie überhaupt in den Mund zu stecken. Es gibt aber auch negative Belastungen über Gerüche (es gibt manche Käsesorten wie der französische „Salers", die wie nicht mehr ganz frisches Fleisch riechen) oder solche über negative Erlebnisse nach einem Essen, wenn jemand zum Beispiel nach einem Essen krank wurde und diese Krankheit mit dem Essen verkoppelt.

Im Grunde ist fast alles an positiven wie negativen Verkoppelungen möglich. Wenn wir das einfach so laufen lassen, kann sich im Verlauf des Lebens ein ganz spezifisches Profil kulinarischer Vorlieben und Abneigungen entwickeln, das unter Umständen recht kompliziert ist und das Leben nicht unbedingt leichter macht. Ich nehme an, Sie werden viele Beispiele dafür kennen oder – pardon – selber ein solches Beispiel sein.

Ich selber jedenfalls war auch ein solcher Fall (siehe Nachwort: „Wie ich Gourmet wurde").

Wenn wir also etwas essen, übertragen uns unsere entsprechenden Sinnesorgane in Mund und Nase die Aromen. Im Gehirn werden sie sozusagen überprüft und in Höchstgeschwindigkeit eingeordnet (falls wir die Dinge überhaupt in den Mund gesteckt haben und unser Gehirn nicht schon vor dem Essen die Möglichkeit dazu ausgeschlossen hat). Dann fällt das Urteil, und die Sache ist beendet. Wenn wir Glück haben, lernen wir etwas dazu, wenn wir Pech haben, wird unser Katalog an Abneigungen immer größer. Das kann man sich etwa so vorstellen. Nehmen wir an, Sie haben ein einigermaßen gutes Verhältnis zu einem Hähnchenbrustfilet. Nun bekommen Sie eine Version, die wirklich ganz ausgezeichnet ist und die Sie auch genau so empfinden. Sie merken einfach, dass diese Brust noch besser schmeckt als das, was Sie bisher davon gegessen haben. Sie werden in der Folge diese Qualität speichern und im weiteren Verlauf weitere Hähnchenbrüste an diesem neuen Maßstab messen. Es kann dann also sein, dass Sie eine Qualität, die Sie noch vor zwei Jahren als völlig normal und gut bezeichnet hätten, nun nicht mehr so gut finden. Auf der anderen Seite kann es sein, dass Sie eine sehr schlechte Version bekommen. Ob Sie dann überhaupt weiterlernen, hängt davon ab, ob Sie nun eine weitere Probe zulassen oder nicht. Lassen Sie eine weitere schlechte Probe zu, wird Ihre Abneigung zementiert oder noch um weitere Schattierungen erweitert. In einer milden Form kommt es dann in der Folgezeit zu dem Effekt (den fast alle Menschen kennen), dass man von bestimmten Dingen schwärmt, die man nie mehr so gut bekommen hat. Fallen die Proben allzu oft negativ aus, wird die Abneigung schnell total. Was wir aus diesen Informationen machen, hängt natürlich sehr davon hab, ob wir nur einen ganz unmittelbaren Automatismus zulassen oder ob wir zumindest registrieren, was sich da abspielt. Diese Registrierung ist der Ansatz zum echten Lernen. Wenn wir zulassen, dass Geschmackseindrücke sich ein wenig entwickeln dürfen und nicht gleich von uns in die Schubladen für „Ja" oder „Nein" gesteckt werden, kann es weitergehen in Richtung auf ein deutlich systematischeres und damit vielfältiger nutzbares Wissen. Wir tolerieren dann einfach mehr geschmackliche Varianten und interessieren uns vielleicht sogar für sie. Wichtig dabei ist, dass wir mit der Zeit lernen, die geschmacklichen Wahrnehmungen im engeren Sinne von den Verkoppelungen mit unserer Psyche zumindest teilweise zu trennen. Es wird Ihnen zum Beispiel keinerlei Schwierigkeiten machen, zwei verschiedene Versionen von Karamellbonbons in ihrem Zuckergehalt zu unterscheiden (vorausgesetzt, Sie haben keine Abneigung gegen Zucker …). Sie mögen Zucker, und ein bisschen mehr oder weniger kann Sie in diesem Urteil nicht beeinflussen. Nehmen wir nun einmal ein Fleischgelee. Es könnte sein, dass man ein schönes festes Gelee, das Teil der Füllung einer Terrine ist, ohne Probleme isst. Dasselbe Gelee in sehr schlabberiger Form, mit einem kleinen Löffel aus einem Eierbecher zu essen könnte wegen der Konsistenz (man benutzt heute eher den Begriff „Textur") schon wieder abschrecken. Aber – was ist denn mit einem Wackelpudding, der absolut die gleiche Konsistenz hat wie das Fleischgelee? Ganz ähnlich geht es vielen Leuten mit den Fetträndern an manchem Fleisch, die eigentlich – wenn es gut gemacht ist – hervorragend schmecken und im Übrigen bei richtiger Garung auch nicht schwabbelig sind, häufig aber doch in die „schwabbelige Abteilung" fallen und sofort abgelehnt werden. Es ist ein vertracktes Problem. Wie kommen wir aus dieser Zwickmühle heraus – vorausgesetzt, wir haben Interesse daran?

Es müsste uns gelingen, die geschmackliche Wahrnehmung von allzu vielen Verknüpfungen im psychischen Bereich zu befreien. Noch einmal zurück zu dem nach unfrischem Fleisch schmeckenden Käse und anderen Käsesorten. Achten Sie einmal darauf, was hier passiert.

Viele Käsesorten riechen und schmecken so wie andere Dinge (ich drücke mich hier einmal vorsichtig aus), die wir normalerweise nicht mit „Essen" verbinden. Und trotzdem essen wir sie mit Genuss. Gelingt dort nicht die Trennung zwischen eigentlichem Geschmack und den möglichen Assoziationen? Es lassen sich noch viele Beispiele finden, von dem berühmten Geschmack der schwarzen Trüffel bis hin zu Innereien wie den Nieren, die für viele Leute einfach nach Urin schmecken, während andere diese Verbindung überhaupt nicht kennen, sondern nur eine etwas speziellere Note ausfindig machen. Es gibt einen bestimmten Typ von Esser, für den ich einmal den Begriff des „Redundanzessers" eingeführt habe. Ich meine damit Leute, die absolut immer nur das Gleiche essen wollen und jede Abwechslung oder auch nur kleine Änderung ablehnen. Dieser Typus ist unter den Aspekten der kulinarischen Intelligenz natürlich ein großes Problem, weil Intelligenz schließlich auch Unterscheidungsfähigkeit, Offenheit und vor allem das Ziehen von Konsequenzen aus Einsichten bedeutet. Ich will jetzt hier nicht lange darüber klagen, wie unerfreulich ein solcher Zustand sein kann, sondern darauf hinweisen, dass in fast jedem Menschen natürlich eine Tendenz zum immer gleichen Essen vorhanden ist. Es gibt durchaus auch Feinschmecker, die nur vortäuschen, sich für Essen wirklich zu interessieren, tatsächlich aber auch immer nur das Gleiche essen: was dem einen seine Currywurst, ist dem anderen seine Gänsestopfleber. Wenn Sie nun entgegnen, das sei ja wohl ein Unterschied, muss man daran erinnern, dass diese Angewohnheiten sehr wohl ähnliche Auswirkungen haben können. So oder so bleibt ziemlich wahrscheinlich eine verengte Persönlichkeit zu registrieren – mit der Möglichkeit von entsprechenden Verhaltensweisen auch in anderen gesellschaftlichen Zusammenhängen. Was die Spitzenküche angeht, kann man durchaus manchmal den Eindruck haben, dass viele Freunde der Spitzengastronomie ziemlich fimmeln. Wenn dort ein perfekt auf den Punkt gebratenes Lammkotelett noch einen Blutstropfen hat, geben viele Gäste es schon wieder in die Küche zurück... Nach befreitem Gaumen klingt das nicht gerade...

Wie wir essen, ist ein wenig auch von unseren körperlichen Grundvoraussetzungen abhängig, an denen wir wenig ändern können. Wie weiter oben schon erwähnt, gibt es einen kleinen Teil von Menschen, deren Sinnesorgane es ihnen nicht möglich machen, sehr feine Nuancen zu bemerken (Hyposensible). Dann gibt es einen ebenfalls kleineren Teil, der besonders fein wahrnehmen kann (Hypersensible). In dieser Richtung vermuten wir die geborenen Feinschmecker. Der große Teil ist mehr oder weniger normal veranlagt, was aber durchaus bedeutet, dass ein gut trainierter Normaler einen nicht so gut trainierten Hypersensiblen durchaus übertreffen kann. Im weiteren Verlauf werden wir sehen, dass mit einer Ausweitung der Sensorik (siehe nächstes Kapitel) auch diese Verteilung relativiert wird.

Die ausgeweitete Sensorik: Eine neue Welt tut sich auf

Man hat sich bis vor relativ kurzer Zeit bei der Wahrnehmung von Essen nur mit den so genannten Grundaromen befasst, denen man auf der Zunge (und in der Nase) bestimmte Geschmackszellen zuordnete, die dann jeweils darauf spezialisiert sind, eines dieser Grundaromen zu registrieren. Es wurde zunächst unterschieden zwischen süß, salzig, sauer und bitter, in den letzten Jahren ist auch noch „umami" dazugekommen, die Wahrnehmung des Natriumglutamats (das wir als Geschmacksverstärker kennen). Umami findet sich häufig in der asiatischen Küche und kommt in der Natur vor allem in Algen, aber auch in Tomaten vor. Es schmeckt im Prinzip wie eine Art gewürztes Salz, wobei man nicht genau sagen kann, welcher Art diese Würze ist. Ein großes Manko der Aufteilung von Geschmack nur in diese Grundaromen liegt darin, dass unsere geschmackliche Wahrnehmung damit überhaupt nicht korrekt beschrieben ist. Im Grunde müssen wir an dieser Stelle erst einmal die Begriffe anders verwenden und den Begriff „Aromen" für die „alte" Geschmacksvorstellung benutzen („die Zitrone ist ziemlich sauer"), „Geschmack" aber für die Gesamtheit aller Wahrnehmungen im Zusammenhang mit dem Essen. Grundsätzlich haben ja quasi alle unsere Sinne mit dem Essen zu tun. Wir sehen etwas („Das Auge isst mit"), wir riechen (mit zugehaltener Nase funktioniert unsere Wahrnehmung nur noch sehr reduziert) und wir hören auch (wenn wir etwa einen Zwieback essen). Nun gab es in den letzten Jahren vor allem durch den spanischen Avantgarde-Koch Ferran Adria eine ganz entscheidende Wende in Richtung dessen, was man als Textur bezeichnet. Wir nehmen eben nicht nur wahr, ob etwas süß oder sauer ist, sondern vor allem auch, ob etwas zum Beispiel weich, hart oder elastisch ist. „Süß" kann sowohl ein dünnflüssiger Zuckersirup sein als auch ein Stück Zucker, wobei sich im Mund durch die unterschiedliche Textur ein extremer Unterschied ergibt. Neben der Textur gibt es auch noch ein weiteres Feld, das ebenfalls enorme Unterschiede im Mund erzeugt, nämlich die Temperatur. Eine Flüssigkeit kann zum Beispiel Körpertemperatur haben und wird deshalb sofort von uns in ihrem Aroma wahrgenommen, zumal das Aroma auch nicht durch Kauen aufgeschlossen werden muss. Sie kann aber auch eiskalt sein. Was dann passiert, ist sehr interessant. Wir nehmen das Aroma zunächst überhaupt nicht wahr, weil der Kälteeindruck alle weiteren Wahrnehmungen überlagert. Erst wenn wir die Flüssigkeit wieder bis zur Nähe der Körpertemperatur erwärmt haben, können wir feststellen, welches Aroma sie hat. Wenn man also – theoretisch – einer Versuchsperson ganz schnell hintereinander verschiedene Eissorten in den Mund (und wieder hinaus) geben könnte, wäre sie vermutlich nicht imstande, deren Aroma zu benennen. Ein ähnlicher Effekt stellt sich übrigens mit den harten oder „krossen" Elementen ein. Das Kauen etwa auf einem krossen Stück Zwieback blockiert ebenfalls andere Wahrnehmungen fast vollständig. Neben diesen besonders auffälligen Dingen gibt es auch noch weitere Beobachtungen, die sehr viel mit der Wahrnehmung von Essen zu tun haben. Wenn man ein Stück Fleisch kaut (stellen wir uns ein Schnitzel vor), dauert es eine gewisse Zeit, bis das Fleisch überhaupt erst Aroma abgibt. Wir müssen also dieses Aroma durch Kauen aufschließen. Dann gibt es eine Phase, in der das Aroma ganz normal präsent ist. Es folgt eine Phase, in der das Aroma weniger wird und wir eigentlich nur noch auf den Fleischfasern herumkauen. Wenn wir das dann heruntergeschluckt haben, haben wir – die letzte Phase – auch noch einen Nachhall – ganz ähnlich wie beim Wein. Dieser Nachhall ist wesentlich davon abhängig, wie stark sich noch Aromen im Mundraum halten. Wenn Sie einen Löffel Honig essen, wird es längere Zeit dauern, bis Sie im Mund nichts mehr davon schmecken. In meinem Buch „Geschmacksschule" (Tre Torri Verlag) habe ich ausführlich über diese Dinge geschrieben. Hier reicht es vielleicht aus, wenn ich sie nur kurz zusammenfasse. Die beschriebenen Phasen kann man in einer Kurve darstellen. Mit dieser Kurve (Abbildung 1) kann man einen Geschmacksverlauf erläutern.

Abbildung 1

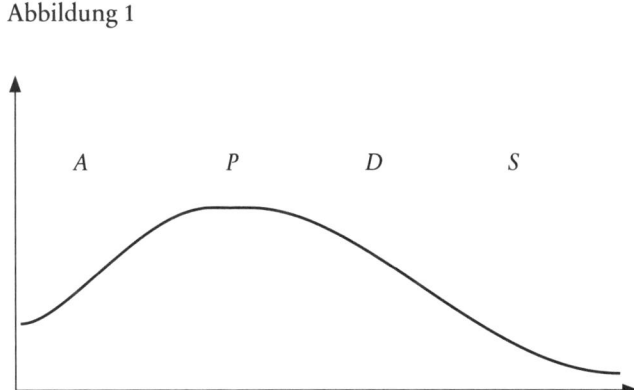

Die Buchstaben bezeichnen mit A (für „Attack", aus Gründen des besseren internationalen Verständnisses habe ich in meiner Geschmacksschule englische Begriffe verwendet) die Phase der Geschmacksentwicklung. P steht für die „Plateauphase", in der der Effekt vollständig präsent ist. D steht für „Decay" und bezeichnet das Nachlassen des Effektes, während man ihn noch im Mund hat. S schließlich steht für „Sustain" und meint den Nachhall nach dem Schlucken.

Bevor wir nun zu einer ganz speziellen Darstellungsform für die geschmackliche Wahrnehmung kommen, sollten wir uns noch einmal den Unterschied zu der „alten" Geschmackswahrnehmung klar machen. Dort ging es also nur um ein paar Aromen, während es hier um die tatsächlich stattfindende geschmackliche Wahrnehmung geht, die viel komplexer ist und die – wenn man sich ihrer bewusst wird und/oder sie als Koch bewusst einsetzt – ein ganz entscheidend anderes Bild vom Essen ergibt. Mehr dazu im nächsten Abschnitt unter „Essen verstehen – Essen entschlüsseln".

Faszinierend wird es, wenn wir uns vorstellen, dass jedes Nahrungsmittel – egal ob in natura oder als ein zubereitetes Essen – seine eigene Kurve hat. Wenn wir nun etwas essen, das aus mehreren Elementen besteht, entstehen Beziehungen zwischen diesen Wahrnehmungen mit einer unglaublichen Menge von Auswirkungen. Im Zusammenhang mit einigen Dingen, die ich weiter oben gesagt habe, ergibt sich zum Beispiel folgendes Bild: Es geht hier um die Kombination von einem Stück Fleisch (ein Stück Schweinefilet), einem sehr kross gebackenen Stück Pommes frites, das recht trocken ist, und einem gemischten Püree von Erbsen und Möhren, das in seiner Konsistenz etwa einem Kartoffelpüree ähnelt. Diese Elemente befinden sich auf einem Löffel oder einer Gabel. Hier ist die Kurve dazu:

Abbildung 2

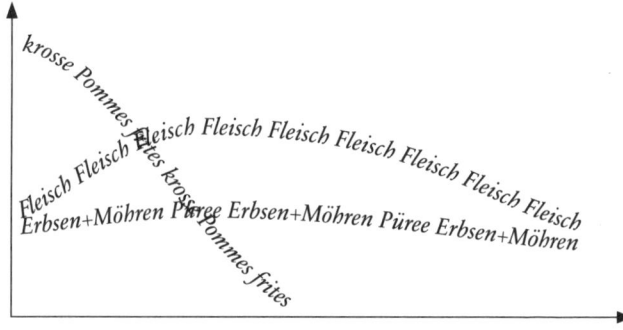

Das krosse Stück Pommes frites macht sofort einen deutlichen Effekt, der zunächst alles dominiert. Dieser Effekt überlagert die Wahrnehmung des Fleisches, das sich nicht so spektakulär einführt wie die Pommes frites und sich ja erst nach einiger Zeit (s. o.) aromatisch aufschließt. Das weiche Gemüsepüree wird natürlich auch überlagert und ebenfalls zu Beginn nicht wahrgenommen. Die Überlagerung des Fleisches zu Beginn ist aber nicht so gravierend, weil man dessen Aroma ja erst etwas später wahrnimmt. Das Verhältnis von Fleisch zu Püree ist so, dass das Püree immer etwas im Hintergrund bleibt und sich nur ganz am Ende, wenn wir das Fleisch schon ziemlich zerkaut haben, etwas stärker damit mischt. Wenn am Beginn der krosse Effekt des Pommes-frites-Stückchens nachlässt, dominiert dann das Fleisch, und der Rest Kross-Effekt tritt dahinter zurück. Es ist nun leicht vorstellbar, wie ungeheuer vielfältig der Prozess des Essens eigentlich ist und dass die Aromen im engeren Sinne daran nur einen bestimmten Anteil haben. Die ausgeweitete Sensorik macht uns auf das aufmerksam, was tatsächlich beim Essen passiert, und eröffnet uns völlig neue Perspektiven für die Zukunft.

Essen verstehen – Essen entschlüsseln

Wir haben also gesehen, dass man aus der grafischen Darstellung des Essens eine ganze Reihe von Erkenntnissen gewinnen kann, und zwar nicht nur darüber, wie etwas abläuft, sondern auch darüber, wie man Essen als Koch gestalten und es als Esser angehen kann.

Es gibt dabei aber ein Grundproblem. Wenn wir eine Praline essen, ist völlig klar, was passiert. Der Hersteller und wir essen absolut das Gleiche, und die sensorischen Abläufe können sich nicht verschieben. Wenn wir aber ein normales Gericht in einem Restaurant vor uns haben, ist so gut wie gar nichts klar. Ich beobachte in den Restaurants – und das nicht nur in bürgerlichen Restaurants, sondern auch bei den oft fein ziselierten Kreationen der Spitzenküche –, dass beim Essen oft die reine Anarchie herrscht. Kaum jemand kümmert sich wirklich um das, was da vor ihm auf dem Teller liegt. Der eine fängt links an, der andere rechts, manche essen die einzelnen Elemente hintereinander und wieder andere packen sich die Gabel grundsätzlich hoch voll. Was immer sich der Koch bei der Zusammenstellung eines Gerichtes gedacht hat: Bei dieser Art von unsystematischem Essen wird es leider schnell ad absurdum geführt. Es wird durch die bisher gängige Praxis des Aufbaus und der Präsentation von Gerichten und auch von der Art, wie wir sie essen, fast immer noch sichtbar, dass man über diese Zusammenhänge nicht nachdenkt. Stellen Sie sich einmal vor, welch unterschiedlichen Eindruck man von einem Essen gewinnen kann, wenn man es so isst, dass optimale „Akkorde" entstehen, oder so, dass eigentlich nie etwas Besonderes zustande kommt! Da könnte also ein Gast etwas essen und zu dem Schluss kommen, das sei irgendwie langweilig – nur weil er das, was sich auf dem Teller befindet, nicht „richtig" (oder besser: optimal) gegessen hat. Ein anderer würde hingehen, mit großer Sorgfalt essen und zu einem völlig anderen Ergebnis gelangen. Dazu kommt dann auch noch, dass ein optimal gegessenes Gericht eine weit größere Menge an Informationen liefern kann als ein ohne Sinn und Verstand weg-gegessenes Gericht. Die Folgerungen, die man aus diesen Einsichten ziehen kann, sind eigentlich gravierend und in der Lage, das Bild vom Essen deutlich zu verändern – wie ich meine zum allgemeinen Vorteil. Wie aber soll das funktionieren, wenn man nun ein Gericht einfach nicht zur Praline verwandeln kann, sondern immer eine ganze Anzahl von Dingen vor sich hat, bei denen nun einmal kein Schild daran steht mit der Aufschrift: „Hiervon nur ein paar Körner"? Wer soll anfangen, der Koch mit sensorisch „aktiven" Kreationen, bei denen er daran denkt, wie man sie essen kann und was dabei erlebt werden kann, oder der Esser, der unabhängig davon, ob ein Koch etwas so geplant hat oder nicht, einfach bewusster an die Sache herangehen sollte? Im Prinzip natürlich beide. Während die Köche aber damit aus verschiedenen Gründen noch so ihre Schwierigkeiten haben werden, kann der Esser bei seinem nächsten Essen schon damit beginnen. Ein bewusstes Essen, das das Beste aus jedem Gericht herauszuholen versucht, ist viel span-nender und viel genussreicher, als es das „normale" Essen bisher war. Man könnte es sogar so formulieren: Mit einer bewussteren Art zu essen stehen uns noch ganze Welten offen, an die wir bisher noch so gut wie gar nicht gedacht haben. Wenn dann – in den modernsten Zweigen der Spitzenküche finden wir dazu schon viele Beispiele – zusammenkommt, dass ein Koch seine Gerichte bewußt „strukturalistisch" aufbaut und man diese Struktur beim Essen auch deutlich ermitteln kann, könnte man fast davon sprechen, dass Essen wirklich verstanden wird – wenn man so will auch entschlüsselt werden kann, was der Koch verschlüsselt hat. Diese Darstellung von Kochen und Essen erinnert dann wieder an die Kommunikationsforschung. Auch dort wird davon gesprochen, dass man im Gespräch Dinge verschlüsselt und entschlüsselt. Nehmen wir einmal ein etwas hinterhältiges Beispiel. „Du siehst aber heute angegriffen aus", sagt da vielleicht der eine Kollege zum anderen. Sollte da nicht der Kollege erst einmal versuchen zu entschlüsseln, ob das nun ehrliche Anteilnahme und Sorge ist oder ob sein Gegenüber ihn einfach nur mit voller Absicht für den Rest des Tages ein klein wenig schwächen will, weil dieser Jemand genau weiß, dass er auf solche Bemerkungen mit Unsicherheit und Konzentrationsmängeln reagiert?

Nun ist dieses Beispiel vielleicht etwas extrem. Aber in vielen Künsten ist es durchaus geläufig, die Werke zu interpretieren, also sie daraufhin zu befragen, was in ihnen zu entdecken ist. Es gibt keinen Grund, nicht auch beim Essen diese Möglichkeit in Erwägung zu ziehen. Der Vergleich mit den Künsten ist übrigens auch noch unter einem anderen Aspekt interessant. Bei den Interpretationen ist es durchaus möglich, dass in einem Werk etwas gesehen wird, was der Künstler gar nicht bewusst dort hineingelegt hat. So etwas scheint mir auch bei der höheren Kochkunst möglich zu sein, ohne dass man jetzt die Köche aus der Verantwortung entlassen sollte, ihre Kreationen vernünftig zu durchdenken und die möglichen Reaktionen der Esser in ihre Überlegungen einzubeziehen. Wenn man den gegenwärtigen Status quo betrachtet, könnte es durchaus sein, dass ein Gast, der sich daran gewöhnt hat, bewusst und mit kulinarischer Intelligenz zu essen, selbst in bekannten Restaurants auf ein Essen trifft, das dieser intensiveren Art des Essens nicht wirklich standhält. Typisch wäre dann zum Beispiel, dass der Gast erkennt, dass man von den Korianderblättchen, die in der Sauce liegen, nur jeweils ein winziges Stückchen braucht, um einen guten Akkord mit dem Fleisch zu haben, und dass dieser Akkord bei weitem nicht so gut ist, wenn man jeweils drei Blättchen Koriander dazu isst – so wie sie der Koch in die Sauce gelegt hat. Im ersten Fall wäre die Begründung, dass das Koriander-Schnipselchen eine schöne Würze für das Fleisch ergibt, das Fleisch aber noch im Mittelpunkt steht und damit gut identifizierbar bleibt. Im zweiten Falle wäre die Erkenntnis, dass mit dieser Menge Koriander der Fleischgeschmack völlig übertüncht wird und damit eine eigentlich kulinarisch sinnlose Konstruktion entsteht.

Für den intelligenten Esser ergeben sich daraus ziemlich klare Folgerungen. Er wird ein Gericht zur Optimierung seiner Wahrnehmungen und seines Genusses erst einmal etwas genauer ansehen und sich durch Probieren der einzelnen Elemente ein Bild verschaffen, was er denn da eigentlich zur Verfügung hat. Er wird feststellen, dass die Sauce ziemlich kräftig gewürzt ist, das Fleisch kaum angebraten ist und eher zurückhaltend schmeckt, die krossen Croûtons wirklich sehr hart und kross sind und der Spargel – leider – ziemlich matschig geraten ist und keinen Biss hat. Er wird danach wissen oder zumindest vermuten, was er wie zusammen kombinieren kann, um ein bestmögliches Resultat zu erzielen, oder auch bestimmte Kombinationen ausprobieren. Er wird vielleicht nur wenig Sauce zum Fleisch nehmen, weil er ahnt, dass das Fleisch sonst übertüncht werden könnte, und er wird sich unter Umständen eine Gabel zusammenstellen, die sogar einen zeitlichen Verlauf der geschmacklichen Wahrnehmung hat (Fleisch mit etwas Sauce, einen krossen Croûton und relativ viel Spargel). Klingt das nun irgendwie kompliziert, und artet das in eine merkwürdige Rumsucherei auf dem Teller aus? Überhaupt nicht. Sie werden feststellen, dass ein bewussteres Essen in kürzester Zeit in Fleisch und Blut übergeht, ganz so, wie ein Weinfreund mal eben kurz etwas konzentrierter „hinschmeckt", wenn er einen Wein probiert. Wir haben es nur einfach meistens noch nicht richtig gelernt, auch beim Essen präziser „hinzuschmecken".

Der neue Gourmet:
Höhere Sensibilität, mehr Wissen, mehr Genuss

Lassen Sie mich zunächst die Bedeutung des Wortes „Gourmet" etwas niedriger hängen. Ich meine hier keine exaltierten Freunde von Foie gras und Trüffel, sondern den Menschen, der dabei ist, mit dem Essen sorgfältiger umzugehen. Ob sich – in dieser Sehweise – der Gourmet nur auf die Spitzenrestaurants konzentriert, ist durchaus keine ausgemachte Sache. Gourmet kann auch der sein, der sorgfältig nach guten Produkten sucht und diese in einer sorgfältigen Zubereitung zu sich nimmt, der sich vor allem um eine Verbesserung regionaler Küchen kümmert oder aus seinen begrenzten Möglichkeiten das Beste machen will. So gesehen ist „Gourmet" eine Geisteshaltung und kein soziales Prestige-Abzeichen. Es ist mir sehr wichtig, darauf hinzuweisen, dass der neue Gourmet in seinem Verhalten sehr nützlich für unser aller Zusammenleben sein kann. Der Grund ist ganz einfach. Wenn wir unser Verhalten zum Essen so ändern, dass wir aufmerksamer hinschmecken, sorgfältiger nach Qualitäten suchen und diesem Bereich eine ganz andere Aufmerksamkeit schenken als zuvor, werden sich auch andere Dinge in unserem kulinarischen Gebaren ändern. Unser Einkaufsverhalten wird differenzierter werden, und wir werden deutlicher zwischen guten und schlechten Produkten unterscheiden. Ganz automatisch dürfte sich auch das Verhalten zur Gastronomie ändern, die wir vielleicht stärker nutzen als bisher oder die wir vielleicht auch deutlich kritischer sehen und damit zu einer besseren Leistung anspornen. Unser Verhalten zu schaumschlägerischen kulinarischen Fernsehsendungen könnte sich ändern, und es wäre möglich, dass wir in der Flut der mehr oder weniger unsinnigen Rezeptbücher mit sicherem Gespür die wenigen guten herausfinden. Interessant wird die Sache vor allem dann, wenn wir uns vorstellen, dass eine größere Anzahl von Menschen diesen positiveren Weg zum Leben mit dem Essen geht. Blicken Sie doch einmal kritisch in unsere öffentlich-kulinarische Landschaft. Wann ist dort wirklich von Qualität die Rede? Wie oft wird positive kulinarische Kompetenz erzeugt? Sie werden nicht viele Beispiele finden.

Dominiert wird die Diskussion um das Essen in unserer Gesellschaft vor allem von negativen Nachrichten. Ein Skandal reiht sich an den anderen, und immer neue Untersuchungen ergeben, dass alles irgendwie ungesund sei. Ein unbelasteter Beobachter von einem anderen Planeten dürfte schnell zu der Einsicht kommen, dass das Essen bei uns irgendetwas Feindliches und Gefährliches ist und dass sich ein normaler Mensch quasi irgendwie zwischen all den Giften durchschlängelt. Ich glaube, dass diese Grundeinstellung, bei der immer nur zählt, ob ein Essen auch den richtigen Nährwert oder keinerlei Schadstoffe hat, der falsche Ansatz zur Verbesserung der Lage ist. Angst ist kein guter Lehrmeister und die Verteufelung quasi des gesamten Nahrungsmittelbereiches bodenloser und kontraproduktiver Unsinn. Es gibt eigentlich nur einen Weg, etwas zu verbessern, und das ist das Wecken von Begeisterung für die guten Dinge und die Sensibilisierung für unsere sinnliche Wahrnehmung. Der neue Gourmet ist ein sinnlich wahrnehmender Mensch, der über einen positiven Zugang zum Essen und seinen faszinierenden Möglichkeiten ganz selbstverständlich auf Distanz zu minderwertigen Nahrungsmitteln, industrieller Aromentrickserei und kommerzieller Abkassiererei an allen möglichen kulinarischen Orten kommt. Wenn der sensibilisierte Verbraucher die Macht übernimmt, verlässt er seine gerade bei uns immer sehr deutlich herausgearbeitete Opferrolle und wird mit seinem positiven Druck wirklich etwas bewirken können. Was meinen Sie, was passiert, wenn einmal eine ganze Anzahl von Familien beschließen würden, ihren örtlichen Gemüschändler ein wenig mehr zu fordern? Natürlich würde er das gute Gemüse besorgen, vermutlich sogar mit großem Vergnügen, und bestimmt nicht nur, weil er dann besser verdienen würde. Ich bin ganz sicher, dass bei einer entsprechenden Nachfrage sich ganz schnell alles Mögliche ändern würde. Warum sollten die Händler nicht gutes Material besorgen können? Warum sollten die Kapazitäten für eine gute Küche in den Restaurants nicht zunehmen können? Warum sollten nicht Aldi oder Plus oder Lidl wesentlich bessere Produkte anbieten? Der neue Gourmet ist eben auch der andere Konsument, der seine Geldmittel – egal ob viel oder wenig – vielleicht von angeblich sinnvollen Ausgaben für angeblich bleibende Werte ein wenig dorthin verlagert, wo die Werte wirklich bleiben, nämlich in den Köpfen. Das ganze Horrorszenario unserer scheinbar so modernen kulinarischen Welt kann sich in der Zukunft noch stark verändern. Auf diesem Feld hat der Konsument eine ganz enorme Macht. Es fällt doch auf, dass wir „blühende Landschaften" immer nur im Urlaub schön finden. Wenn wir erkennen würden, wie sie auch bei uns zustande kommen könnten, wären wir schon auf dem richtigen Weg.

Ein Gewusel von kleinen Geschäften, üppige Markthallen, ganze Landstriche, die sich wieder einer spezielleren Erzeugung qualitativ hoch stehender Erzeugnisse widmen, und Innenstädte, die sich ganzjährig eines regen gastronomischen Lebens erfreuen: Nichts davon ist für immer verloren.

Außer Haus essen

Ein grundsätzliches Problem: Unser kulinarisches Weltbild und seine Tücken

Wenn es zum Beispiel darum geht, ob man Fast Food essen sollte oder nicht, scheint die Antwort des kulinarisch intelligenten Menschen sehr einfach zu sein. Natürlich hält man sich da zurück (oder gibt es nicht zu …), weil man natürlich immer wieder gehört hat, das sei ohnehin alles minderwertig (wir werden später darauf zurückkommen). Ich will aber auf eines der wichtigsten grundsätzlichen Probleme zu sprechen kommen, ein Problem, an das man nicht so ohne weiteres denkt. Es geht gar nicht in erster Linie darum, ob Sie meistens in Imbissstuben oder in Spitzenrestaurants essen. Es geht darum, welches kulinarische Weltbild Sie durch Ihren Konsum bei sich erzeugt haben. Bewusst oder unbewusst hat sich im Laufe Ihres Lebens ein sehr differenziertes Bild von bestimmten Essen wie von bestimmten Produkten aufgebaut. Dieses Bild kann allerdings sehr weit von der Realität abweichen, es kann unvollständig sein und ist mit ziemlicher Sicherheit nicht das, was für Sie möglich ist – aus welchen Gründen auch immer. Ein Beispiel: Da mag also jemand keinen Fisch. Soll man das als „Geschmackssache" einfach so stehen lassen, immer nach der scheinbar weisen Erkenntnis, dass eben der eine dies und der andere das nicht mag?

Wenn man nachfragt, warum denn der Fisch nicht so gefällt, ergeben sich fast immer ganz klare Zusammenhänge mit schlechten Erfahrungen. Wenn man noch weiter forscht, stellt man nicht selten fest, dass viele Fischfeinde noch nie einen wirklich optimal frischen und hervorragend zubereiteten Fisch gegessen haben. Sie haben einfach nach ein paar negativen Erfahrungen ihr Verhältnis zum Fisch für schlecht und beendet erklärt. Im Grunde setzt sich der negative Teil des Spektrums bei fast allen Leuten auf diese Weise zusammen. Es ist durch schlechte Beispiele gebildet oder – heutzutage ebenfalls sehr verbreitet – durch Bedenken, die aus negativen Informationen über ein Produkt herrühren (Stichwort: Rinderwahnsinn), oder auch aus einer bestimmten Lebensphilosophie (z.B. Vegetarismus) entstehen. Ich kenne viele Menschen, die auf diese Weise ein System von Vorlieben und Abneigungen entwickelt haben, das es ihnen schwer macht, ein größeres Menü in einem guten Restaurant so zu essen, wie es vorgeschlagen wird. Oft genug habe ich erlebt, wie an einem Tisch mit vielleicht sechs Personen der Kellner die Bestellung aufnahm und eine unglaubliche Liste an Sonderwünschen zusammenkam.

Ich meine nun, dass wir mit einer aktivierten und entwickelten kulinarischen Intelligenz ganz bewusst an unserem kulinarischen Weltbild arbeiten sollten. Einerseits wird uns das mehr Genuss bringen, andererseits ist ein offeneres und entwickelteres Verhältnis zur Esskultur insgesamt viel besser für uns alle. Um sich nun beim Essen außer Haus vernünftig zu betätigen, ist es vor allem notwendig, dass Sie verstehen, was Sie da mit sich als „Versuchskaninchen" anstellen. Für ein intelligentes Leben mit der Welt der kulinarischen Genüsse brauchen Sie gute Maßstäbe und unbedingt gute Erlebnisse. Sie sollten wissen, wie ein gutes Essen aussehen kann und wie schlechte Erfahrungen einzuordnen und zu bewerten sind. Auch ich esse immer wieder einmal Sachen aus Imbissstuben oder von McDonald's, weil es manchmal einfach nötig oder auch praktisch ist. Aber wenn ich dann auf Chicken McNuggets herumkaue, weiß ich ganz präzise, was der Unterschied zu einem richtig guten Huhn ist.

Systemgastronomie: Der Gast als Objekt

Unter Systemgastronomie ist hier die ganze Spannbreite von McDonald's über Kentucky Fried Chicken bis zu Mövenpicks „Market" gemeint. Zunächst darf ich noch einmal daran erinnern, dass ein solides Wissen über die Systemgastronomie in jedem Falle ein Vorteil ist und es keinerlei Sinn macht, die üblichen Klischees zu wiederholen, ohne die Küche wirklich einordnen zu können. Der Mensch mit kulinarischer Intelligenz sollte auch in der Lage sein, alle Dinge auf gutem Niveau zu diskutieren.

Zwei Aspekte spielen also eine wichtige Rolle. Erstens die unvoreingenommene Beurteilung der Qualität und zweitens das Wissen um die typischen Probleme der Systemgastronomie. Für die Qualität gilt, dass es auch in den Kettenrestaurants ohne weiteres akzeptable Speisen gibt, die ziemlich unproblematisch sind (wie z.B. Salate) oder sogar ein gewisses „sauberes" Niveau erzielen. Wenn Sie bei Kentucky Fried Chicken Ihre Hühnchenstücke nicht gerade mit den meist viel zu scharfen Saucen traktieren, kann die Fleischqualität oft wesentlich besser sein als viele Grillhähnchen in so genannten „bürgerlichen" Restaurants. Schlecht wird es immer dann, wenn systemtypische Fehler auftauchen, also zum Beispiel in diesen Etablissements zu viel „gebastelt" wird. Das Personal ist oft noch nicht einmal in der Lage, den Zusammenhang von Ketchup-Menge und Gesamtgeschmack zu begreifen, und arbeitet infolgedessen so unpräzise, dass das ganze Konzept gefährdet ist. Wenn Sie den Unterschied zwischen einem Hamburger im Foto und einem Hamburger in der Realität einmal genauer betrachten, werden Sie feststellen, dass der Akkord der Zutaten in der Realität gravierend von dem Bild abweicht. Man hat es also auch bei McDonald's nicht nur mit einem bestimmten Konzept zu tun, sondern nicht zuletzt auch mit schwachen Küchenleistungen. – Das größte Problem aber ist und bleibt das kulinarische Weltbild, das ein dauerndes Essen in diesen Restaurants erzeugt.

Warum, hatte ich oben erläutert. Ich möchte deshalb hier ganz entschieden auf die Probleme mit Kindern eingehen. Reden wir doch bitte nicht über Nährwert oder darüber, dass man von diesem Essen nicht sofort krank wird. Reden wir von den Folgen, die ein regelmäßiger Konsum für Kinder haben kann. McDonald's hat die Kinder nicht umsonst so in den Mittelpunkt seiner Werbung gerückt. Sie wissen genau, dass die frühe Bindung an ein bestimmtes Geschmacksbild prägend für ein ganzes Leben werden kann. Dazu benutzt man – kulinarisch gesehen – eine alte Erkenntnis, nämlich die, dass ein leicht pikantes süß-saures Geschmacksbild weltweit gut ankommt und sozusagen der Grundgeschmack der Welt ist. Man kann davon ausgehen, dass die Kombination von weich-pampigem Brot mit einer Füllung, die schnell zu einem Mischgeschmack zusammenfließt, bei sehr vielen Menschen mehr oder weniger gut ankommt. Es schmeckt nicht deutlich nach Fleisch (was auch schon wieder viele Menschen stören könnte), und schon gar nicht nach Fisch (beim Fischburger) oder nach Huhn. Diese irreale kulinarische Welt mit ihren überwürzten Mischaromen führt dazu, dass Kinder den Geschmack klarer, purer Aromen gar nicht erst kennen lernen und daher bei Kontakten damit nicht selten unzufrieden sind. Hier werden also wirklich Schäden an unserer kulinarischen Kultur verursacht, hier werden Kinder verführt und das mit der Gefahr, nie mehr in eine solide Esskultur zurückzufinden.

Die Wirkung der Gewöhnung ist – nicht nur bei den Hamburgern – einfach enorm und führt zu bizarren Ergebnissen. Ich habe vor einiger Zeit für den „Feinschmecker" einen Test von Mousse au Chocolat gemacht. Dazu hatte ich unter anderem diverse handelsübliche, aber auch ganz hervorragende Kuvertüren genommen, die von den internationalen Spitzenstars unter den Patissiers benutzt werden. Mit diesem Grundmaterial habe ich unter Beigabe identischer Mengen von Zutaten verschiedene Versionen hergestellt und sie von verschiedenen Leuten probieren lassen. Zu meinem großen Entsetzen (damit hatte ich wirklich nicht gerechnet) siegte die Zubereitung, die mit der billigsten Kuvertüre im Programm, der klassischen Blockschokolade, gemacht worden war. Diese Schokolade war definitiv die schlechteste, vor allem wegen eines ziemlich faden Nebengeschmacks und einer penetranten Süße. Warum hat diese Version gewonnen?

Ganz einfach: Sie entsprach ziemlich genau dem, was man landauf, landab schon mal als Mousse au Chocolat vorgesetzt bekommt. Meine

Testpersonen hatten offensichtlich diesen Geschmack „gelernt" und verhielten sich dem entsprechend. Dass diese Vermutung stimmt, wurde auch in den Bemerkungen zu den anderen Beispielen deutlich. Die anerkannt beste Sorte, die „Guanaja" von der französischen Firma Valrhona, wurde als zu bitter und „irgendwie komisch" im Aroma bezeichnet ... Essen Sie also ruhig einmal in diesen Schnellrestaurants, aber seien Sie wachsam, wenn die dort verwendeten Zubereitungen zu einer Bezugsgröße werden.

Aber noch einmal zurück zu den Problemen der Systemgastronomie. Auch hier geht es nicht darum, Dinge zu verteufeln, sondern sie richtig einzuordnen. Die Systemgastronomie jenseits der Schnellrestaurants findet sich vor allem in größeren Ketten wie den Restaurants der großen Kaufhäuser etc. Klassisches Beispiel war ursprünglich der „Wienerwald", der mit standardisierter Optik und ebensolchem Küchenprogramm schon in den fünfziger Jahren Erfolg hatte. Man sollte in diesem Zusammenhang wissen, dass die Standardisierung des Angebotes und wirklich seriöse Qualität ein gewisser Widerspruch sind.

In Restaurants dieser Art sind keine guten Köche mehr nötig, sondern nur noch Hilfskräfte, die die in großer Stückzahl vorbereiteten Elemente zusammenstellen. Sie haben keine Entscheidung über typische Küchenprozesse, sondern führen lediglich das Konzept aus. Die so entstandenen Speisen mögen dem einen oder anderen unglaublich gefallen, sind aber fast nie ernst zu nehmende Maßstäbe für gute Küchenqualität. Ich selber habe (siehe Anhang) früher gerade die Wiener Schnitzel im „Wienerwald" ausgesprochen gerne gegessen. Heute weiß ich, dass ein „korrektes" Wiener Schnitzel vom Kalb um Klassen besser sein kann und ganz allgemein die Technik des panierten Fleisches überhaupt keine Ähnlichkeit zum Beispiel mit einem hervorragend gegarten Kalbskotelett hat.

Das große Problem ist, dass auf der planenden Seite natürlich in wichtigen Funktionen auch Leute sitzen, die etwas davon verstehen, wie man etwas geschickt verkaufen kann. Es ist also völlig verständlich, dass in ihrem Angebot eine ganze Reihe von Gerichten zu finden ist, die bei vielen Leuten ziemlich gut ankommen – Pastagerichte etwa oder auch asiatisch süß-saure Reispfannen. Der intelligente Esser sollte nicht nur ein gesundes Misstrauen gegenüber den vielfältigen Tricksereien in der Systemgastronomie haben, sondern vor allem auch sich selbst gegenüber.

Ohne diesen Selbstreflex kommt man nicht wirklich voran, sondern blockiert sich selber. Denken Sie einfach daran, dass in fortgeschrittenem Stadium wunderbare Genüsse winken.

Bürgerliche Küche zwischen Fast Food und Spitzenküche: Die kulinarische Mitte verändert sich

Als „gutbürgerliche Küche" möchte ich hier nicht allein das „normale" klassische Restaurant bezeichnen, in dem man vielleicht seine Familienfeste feiert, sondern in einer etwas aktualisierten Sehweise die mittlerweile recht große Palette von Restaurants, die für ein „ordentliches" Essen (das nicht als kurzer Snack gedacht ist) in Frage kommen. Das ist für die einen das typische „beste Haus am Platz" im Dorf oder in einer kleineren Stadt, das ist für andere ein italienisches Restaurant oder auch – vor allem in größeren Städten – ein neuer Typus von Restaurant, der sich mehr an jüngere Leute richtet, ein moderneres Design hat und im Speiseangebot zwischen verschiedenen Küchen der Welt pendelt. In diese Kategorie fallen auch die sehr beliebten Brauhäuser mit ihrer regional und traditionell ausgerichteten Küche. Das Speiseangebot hat in dieser Aufzählung zwar eine sehr große Spannbreite und kann von der Schweinshaxe bis zu Garnelen mit Zitronengras gehen, aber das ist ohnehin nicht der wichtigste Punkt. Der wichtigste Punkt ist, dass in diesen Restaurants sozusagen unsere kulinarische Mitte liegt. Hier fühlen wir uns am wohlsten, hier ist es entspannt, wir halten das Essen für gut oder zumindest problemlos und kehren immer wieder hierher zurück: Die Snacks und Schnellrestaurants sind für viele Besucher der gutbürgerlichen Küche ebenso die Ausnahme wie die kostspieligeren Spitzenrestaurants. Die gutbürgerlichen Restaurants haben eher selten einen Eintrag in Gourmet-Führern, und wenn, dann höchstens in den untersten Kategorien.

Wegen ihrer wichtigen Position im kulinarischen Leben des Menschen sollte man sie also mit Respekt und einer gewissen Vorsicht diskutieren. Ich weiß, hier geht es möglicherweise ums „Eingemachte", möchte Sie aber dennoch bitten, einmal ein klein wenig Distanz zu ihrem „kulinarischen Wohnzimmer" zu gewinnen und über dessen Bedeutung für das Ganze nachzudenken. Durch ihre zentrale Stellung ist die bürgerliche Küche vor allem ganz automatisch der Maßstab für jedes andere Essen. Nur sehr wenige Esser orientieren sich an den hohen Maßstäben der Spitzenküche und sehen folglich alle Restaurants unterhalb der Spitzenküche als mehr oder weniger schwach an. Der Normalfall ist, dass dieses „mittlere" Essen, das schließlich ja auch am meisten mit einer klassischen häuslichen Küche zu tun hat, der Maßstab ist. Apropos „häusliche Küche": Auch wenn die Fähigkeit, auch nur einfache Gerichte zu kochen, immer weiter abnimmt, haben scheinbar im Moment doch noch alle Leute eine ziemlich klare Vorstellung von einem guten Essen zu Hause – auch wenn es sich eher bei den Großeltern abgespielt hat und/oder mehr mit festlichem Essen verbunden wird als mit dem täglichen Brot. Das gute häusliche Essen hat mit der bürgerlichen Küche noch sehr viel zu tun, wobei nicht einmal sicher ist, dass das (professionelle) Restaurantessen immer besser eingeschätzt wird. Andererseits sind aber auch sehr viele Hausfrauen und Hausmänner durchaus zufrieden damit, wenn ihnen eine Kochleistung gelingt, die eine gewisse Ähnlichkeit mit dem bürgerlichen Essen hat.

Nehmen wir an dieser Stelle noch einmal den Bezug zu Fast Food auf. Der Vergleich zu McDonald's und Co. geht ebenso von hier aus wie der mit einem Spitzenrestaurant. Sehen wir uns diese Vergleiche doch einmal kurz an, vor allem unter dem Aspekt der Generationen. Selbstverständlich ist für den etwas älteren Menschen das Wühlen mit den Fingern in fettigen Pommes frites mit Mayonnaise ein Hantieren am Rande der gelernten Zivilisation. Selbstverständlich ist ein sonntägliches Essen in einem bürgerlichen Restaurant mit einer Vorspeise, einem Hauptgericht und einem Dessert eindeutig eine Klasse besser. Aber – die Jugend denkt da schon deutlich anders. Ihr kulinarischer Mittelpunkt liegt zu einem großen Teil schon nicht mehr in der bürgerlichen Küche, vor allem dann nicht, wenn die klassische häusliche Alternative fehlt. So gesehen wäre es ein Zeichen kulinarischer Intelligenz, frühzeitig der Gewöhnung des Nachwuchses an Fast Food mit einem guten kulinarischen Programm zu Hause entgegenzuwirken. Wenn es das absolute Lieblingsgericht immer zu Hause gibt, wird die Wirkung von Fast Food nicht mehr so groß sein können. Für alle Generationen kann man aber darauf hinweisen, dass die kulinarische (und preisliche) Vielfalt der Restaurant-„Formate" ein zweischneidiges Schwert ist. So belebend Essen aus aller Welt für die kulinarische Kultur sein kann, so ungünstig kann es sich für das häusliche Essen auswirken. Es ist schlicht verführerisch einfach, sich mal eben etwas Essen zu holen oder informell Essen zu gehen. Wer stellt sich da dann nach der Arbeit in die Küche und arbeitet noch eine Stunde oder mehr für ein Essen, das dann in fünf Minuten verzehrt ist? Hier braucht sicherlich auch der kulinarisch intelligente Mensch etwas Kraft und Überwindung, um eben seine individuelle Esskultur aufrechtzuerhalten. Könnten Sie sich übrigens damit anfreunden, dass man den Rang der individuellen Esskultur so hoch ansetzt wie etwa regelmäßige Körperpflege, saubere Kleidung, zivile Umgangsformen, eine klare und verständliche Sprache oder auch ein gewisses Maß an Bildung? Nehmen wir einmal an, Sie bejahen das ganz selbstverständlich. Dann müssten Sie allerdings – logischerweise – Folgerungen wie der zustimmen, dass ein Mensch, der weitgehend nur Fast Food in sich hineinschlingt und sein Abendessen in einem Wust von Papier und Pizzakartons vor dem Fernseher einnimmt, eine sehr, sehr niedrige Stufe der Zivilisiertheit hat und in diesem Sektor irgendwo da zu finden ist, wo wir so beschönigend von „sozial schwachen Mitbürgern" reden. Um es noch einmal ganz deutlich zu sagen: Obwohl die Folgen des Verhaltens rund ums Essen gewaltig sind und vom zwischenmenschlichen Verhalten bis hin zu unserer Industriekultur und zu unserem öffentlichen Leben reichen, könnte man heftige Gegenreaktionen erwarten, wenn man ein bestimmtes Essverhalten als „unzivilisiert" bezeichnen würde. Es wäre jetzt natürlich einzuwenden, dass gutes Essen auch etwas mit Geld zu tun hat. Dass diese Folgerung sehr relativ ist, habe ich weiter vorne schon beschrieben. Man sollte in diesem Zusammenhang vielleicht einmal die Preise vergleichen zwischen z.B. einem McDonald-Essen für eine Familie mit zwei Kindern (wo 20 Euro keine Seltenheit sind) und dem, was man dafür an Material zum Kochen kaufen könnte. Man kann für dieses Geld ein sehr gutes Essen für vier Personen kochen. Gar keine Frage.

Nach diesem Exkurs nun zurück zu unseren Vergleichen, dieses Mal mit der Spitzenküche. Unter „Spitzenküche" verstehe ich hier ganz pragmatisch Restaurants, die in den Gourmetführern erwähnt sind und dort nicht die niedrigsten Bewertungen haben. Dazu zählen also die Restaurants mit mindestens einem Michelin-Stern (fast zweihundert), aber auch schon mit 15 Punkten im Gault-Millau. Insgesamt kommt man in Deutschland auf eine Zahl von vielleicht dreihundert Restaurants in dieser Kategorie. Man kann diese Restaurants auch durch ihr Angebot einigermaßen beschreiben, bei dem sich größere Menüs finden, eine typische Gourmet-Produktpalette benutzt wird, ein ausgeweitetes Weinangebot plus speziellem Weinkellner (Sommelier) zu finden ist, meist ein Amuse Bouche und Petits Fours (Kleinigkeiten vorab und nach dem Dessert) gereicht werden und allgemein versucht wird, sich auf dem Kurs der absoluten Spitzenrestaurants zu bewegen. Die Unterscheidung im Detail ist jetzt hier nicht ganz so wichtig. Vom Mittelpunkt der bürgerlichen Küche aus gesehen, werden mir immer merkwürdige Dinge über die Spitzenküche berichtet. Es interessiert mich übrigens als Restaurantkritiker sehr, was gerade die Leute über die Spitzenrestaurants sagen, die dort noch nie waren oder nur extrem selten. Ich verstehe die Äußerungen dann übrigens durchaus nicht als die Meinung von Exoten, die keine Ahnung von der Spitzenküche haben, sondern eher als eine hochinteressante Kritik an vielen durchaus zu kritisierenden Verhaltensweisen in den „Gourmettempeln". Da wird also über kleine Portionen gemeckert, über geziertes oder als aufdringlich empfundenes Verhalten des Service-Personals, über Speisen, die kaum gewürzt sind, oder merkwürdige Produkte wie Seeigel, Kalbskopf oder – immer wieder – Austern, und das auch noch in Variationen. Regelmäßig wird über hohe Preise für Mineralwasser oder ein einfaches Glas Wein berichtet oder auch darüber, dass man den Eindruck hat, als „Normalbürger" würde man dort sowieso von oben herab behandelt. Vieles an diesen Bemerkungen ist verständlich, vieles ist auch lediglich eine Bestätigung von Klischees, weil Gäste, die sich in ungewohnter Umgebung bewegen, natürlich auch bisweilen ein unsicheres Verhalten an den Tag legen und alles zu ihren Ungunsten interpretieren. Wir kommen im nächsten Abschnitt noch auf Details zu sprechen. Wichtig ist, dass man auch in einer nicht selten als feindlich erlebten Umgebung im Auge behält, was tatsächlich stattfindet und was nicht. Ist zum Beispiel die bürgerliche Küche das „richtige" Essen und die Spitzenküche nur ein überspannter Auswuchs? Bleiben Sie sachlich und bedenken Sie, was Sie über die Sache wissen und was nicht, bedenken Sie die Macht ihrer Gewohnheiten und ob Sie überhaupt offen genug sind, sich andere Dinge unvoreingenommen anzusehen. Als Profi in diesem Gewerbe habe ich mir angewöhnt, immer wieder meine Wahrnehmungen zu überprüfen und mich immer wieder zu fragen, ob ich bei der Einschätzung eines Essens nicht nur irgendeine Routine abspiele oder – das wäre sehr schlimm für einen Kritiker, kommt aber in vielen Kritiken in Zeitungen oder Restaurantführern häufig vor – meinen persönlichen Vorlieben nachlaufe (die ich Gott sei Dank so gut wie gar nicht habe). Verstehen Sie mich bitte richtig: nichts gegen Ihre persönliche Einschätzung. Aber es ist auch bei kulinarischen Dingen ausgesprochen vorteilhaft, nicht immer nur schematisch zu reagieren, sondern die Dinge wirklich bewusst wahrzunehmen.

Es ist übrigens auch unter professionellen Gesichtspunkten durchaus möglich, die Spitzenküche in verschiedenen Punkten von der bürgerlichen Küche her zu kritisieren. Dazu braucht man nur einmal kurz die Vorteile der bürgerlichen Küche zu betrachten, die sie bisweilen durchaus hat – trotz der Probleme mit vielen vorgekochten Elementen, riesiger Speisekarten (mit dem Problem der Vorratshaltung und Frische) und einer leider immer weiter zunehmenden Standardisierung des Essens durch Verwendung von „Convenience"-Produkten. Ich meine hier bei den Vorteilen auch noch nicht einmal die Preise, sondern sozusagen die „künstlerischen" Aspekte. Die bürgerliche Küche ist in einer durchaus noch ansehnlichen Zahl von Fällen vor allem ein Hort für das kulinarische Gedächtnis unseres Landes. Hier finden sich die traditionellen Gerichte und die Gerichte der verschiedenen Regionalküchen oder auch bestimmte Zubereitungsarten in einer oft recht ursprünglichen Form. In welcher Qualität sich das findet, ist eine ganz andere Frage. In Deutschland muss man sogar in dieser Hinsicht auf eine ganz spezifische Lage hinweisen, die sich etwa in Frankreich in dieser Form deutlich seltener findet. Bei unseren Nachbarn, die trotz aller Unkenrufe nach wie vor das große Vorbild der Welt schlechthin für ein Leben mit gutem Essen sind, ist das Verhältnis zwischen traditionellen oder regionalen Gerichten und der Spitzenküche/Haute Cuisine deutlich anders. Im Grunde kochen viele Spitzenköche noch mehr oder weniger die regionalen Rezepte, und das eben in einer optimierten Form. Bei Spitzenrestaurants im Burgund bekommt man also die regionalen Schneckengerichte, in der Bretagne natürlich die örtlichen Austern, Hummer oder Steinbutt, in den Pyrenäen das Pyrenäenschwein mit den örtlichen Schinken und Käsen und im Elsass das Reh aus den Wäldern oder den Zander mit Choucroute garni. Das alles natürlich auch in klassischer Zubereitung. Diese enge Verbindung zur Region, ihren Produkten und Rezepten bringt die Spitzenküche in eine ganz eindeutige Position: Man geht in ein solches Restaurant, um diese Gerichte in ihrer bestmöglichen Form zu essen. Das ist allgemein bekannt und wird nie diskutiert. Wichtig ist dabei, dass die Menschen in der Region eben die Gerichte schon ihr ganzes Leben lang kennen und auf diese Weise eine sehr enge Verbindung entsteht. Es kocht also die Hausfrau unter Umständen das gleiche Gericht, das es auch in der bürgerlichen Gastronomie und in der Spitzengastronomie gibt. So etwas kann man einen natürlichen kulinarischen Zusammenhang nennen. Und wie ist das in Deutschland? Von wenigen Ausnahmen abgesehen, existiert diese Verwurzelung der Spitzenküche in den Regionen so gut wie gar nicht. Dafür bekommt man von Sylt bis in die Alpen einen merkwürdigen Mischmasch von an verschiedenen Stellen der Welt zusammengesuchten Rezepturen. Basis ist dann eben die französische Haute Cuisine, aber man benutzt auch mediterrane oder asiatische Elemente und vielleicht ein wenig Inspirationen aus der regionalen Küche. Wer also in ein deutsches Spitzenrestaurant geht, wird nur selten Gerichte wiederfinden, die er von zu Hause oder von der bürgerlichen Gastronomie her kennt. Die so entstandene Kluft sitzt tief und beeinflusst das natürliche Verhältnis der Deutschen zur „ihrer" Spitzenküche. Es ist eben nicht „ihre" Küche, sondern irgendetwas anderes. Aus dem genannten Zusammenhang kann man also nur folgern, dass der Status quo von Spitzenküche und ihrem Verhältnis zur kulinarischen Gesamtkultur nicht unbedingt von einem intelligenten Verständnis größerer kulinarischer Zusammenhänge geprägt ist. Wer dabei nun Henne oder Ei ist, ob die Köche oder ihre Gäste der Motor dieser problematischen Entwicklung waren, muss wohl zunächst offen bleiben.

Die hohe Schule: Keine Angst vor Spitzenküche

Aber – vergessen wir jetzt einmal die umstrittene Situation und Konstruktion unserer deutschen Spitzenküche und sehen wir uns das Objekt als solches genauer an. Die Anzahl der Vorurteile über die „Gourmettempel" ist groß, und sie mögen sogar zum Teil berechtigt sein – wir haben einige Details dazu schon kennen gelernt. In diesem Abschnitt soll nun im Mittelpunkt stehen, wie man sich der Spitzenküche am besten nähert, um den größtmöglichen Vorteil für die eigene kulinarische Entwicklung daraus zu gewinnen. Die kulinarische Intelligenz sollte uns eigentlich dazu bringen, einen ganz einfachen Weg einzuschlagen, der die vielen Missverständnisse um die „Luxusküche" schnell überwinden könnte. Man müsste sich nur darauf einigen, dass es nicht mehrere Klassen von Küche gibt, also nicht Fast Food, bürgerliche Küche oder Spitzenküche, sondern eine einzige Küche in – aus welchen Gründen auch immer – abgestuften Formen, wobei diese Abstufungen einen mehr oder weniger großen Qualitätsverlust mit sich bringen. Das klingt vielleicht harmlos, ist aber in der Realität bisher quasi überhaupt nicht so oder ähnlich im Bewusstsein verankert. Es gibt einen einfachen Grund für den Verzicht auf die Einordnung von Küchen in bestimmte Kategorien: die im Prinzip unteilbaren Vorstellungen von Qualität und Know-how. Unter diesen Aspekten gesehen, ist die Spitzenküche keine Sonderform von Küche, sondern einfach die beste Küche, zu der man eigentlich einen ganz natürlichen Bezug entwickeln sollte. Im Grunde müsste jeder, der gerne isst, am liebsten so oft wie möglich in ein Spitzenrestaurant gehen. Das hätte eine klare Logik. Die besten Köche sind in der Regel diejenigen, die am meisten vom Essen wissen und kulinarische Zusammenhänge rund um das konkrete Essen am besten verstehen. Es ist ein typischer Bestandteil der besten Küchen, dass man die besten Kenntnisse von Produktqualitäten hat, dass man die beste Kochtechnik und also zum Beispiel Fleisch viel zarter garen kann, als wir das von der bürgerlichen Gastronomie her kennen. Die besten Köche sind in der Regel auch die kreativsten Köche und machen also das spannendste Essen, sie wissen, wie man gesund kocht oder ein großes Menü so macht, dass es der reine Genuss und keine anstrengende Arbeit ist. Sie sind die besten Verkäufer des Produktes „Essen" und können – wenn alles gut klappt – wahre Botschafter der Esskultur und des zivilisierten Genusses sein. Demgegenüber haben wir in anderen Formen der Gastronomie mehr oder weniger viele Abstriche in fast allen genannten Punkten. Zum Teil wissen es schlechtere Köche einfach nicht besser, oder sie müssen aus kommerziellen Gründen Abstriche in der Qualität machen, oder sie müssen (siehe oben) in Höchstgeschwindigkeit Unmengen von Gerichten servieren und können sich einfach keine Zeit für qualitativ hochwertiges Kochen nehmen. An dieser Stelle kann man gut einen Vergleich mit der Musik anstellen. Es ist selbstverständlich, dass im Mittelpunkt des Wissens über Musik die avancierteren Kompositionen alter und neuer Meister stehen. Um sie herum und aus deren Analyse heraus hat man die Musikwissenschaft entwickelt, die sich selbstverständlich mit der anerkannten Qualität befasst und nicht in gleicher Weise mit dem deutschsprachigen Schlager. Der wiederum wird von entsprechenden wissenschaftlichen Spezialzweigen untersucht, zum Beispiel der musikalischen Volkskunde, die sich unter anderem mit den populären Formen von Musik befasst. Stellen wir aber nun das grandiose Wissen und die ebenso bemerkenswerten Fähigkeiten der Meisterköche ganz normal in den Mittelpunkt unserer Maßstäbe, würde das ganze Gerede um „Gourmettempel", Luxuskonsum und die angebliche Klassengesellschaft rund um die Spitzenküche mit Sicherheit verschwinden. Der kulinarisch intelligente Mensch sollte in diesem Sektor also deutlich zur Entspannung unsinniger und falscher sozialer Zuordnungen beitragen können und sich auf das Wesentliche beschränken. Dazu eine kleine Randbemerkung: Mit „Schicki-Micki" hat die Spitzenküche so gut wie gar nichts zu tun. Es ist ein altes Vorurteil, dass „Promis" irgendeinen besonderen Bezug zur Spitzenküche hätten. Natürlich tauchen sie hin und wieder einmal in solchen Restaurants auf, in manchen auch etwas häufiger. Aber es ist allgemein bekannt, dass ihr Interesse am Essen in der Regel nicht das größte ist. Man findet sie übrigens eher in der „Unterklasse" der Spitzenrestaurants, also in solchen Restaurants, die als schick gelten und eine einigermaßen gute Küche haben, aber nicht wirklich kulinarisch beeindrucken. Ein typisches Beispiel ist etwa das Berliner „Borchardt", ein geradezu extremer Promi- und Politiker-Treffpunkt.

Was also bringt dem kulinarisch interessierten Menschen die Spitzenküche, und wie kann er sie besonders sinnvoll nutzen?

Das Wichtigste überhaupt ist in diesem Zusammenhang die Begegnung mit Qualität. Allein im Bereich der Produktqualität ist bei guten Restaurants enorm viel zu lernen. Vielen Leuten dürfte zum Beispiel unbekannt sein, dass eine ganze Anzahl von in der Spitzenküche verarbeiteten Produkten den normalen Handel überhaupt nicht erreicht. So wird es Ihnen mit Sicherheit schwer fallen, ein Bresse-Huhn (kommt aber vor), die speziellen flachen Austern (kommt schon seltener vor) oder selbst Gemüsesorten in einer optimalen Qualität zu kaufen. Die besten Produkte landen regelmäßig in der Spitzenküche und können nur dort „studiert" werden. Dieses Wissen ist aber für jeden Interessierten von ganz essentieller Bedeutung. Nur mit diesem Wissen werden Sie sich kritisch im Dschungel des mittelmäßigen oder schlechten Angebotes bewegen können. Selbst wenn Sie bestimmte Produkte nur äußerst selten in der dort erlebten Qualität vorfinden, gewinnen Sie doch Maßstäbe, um festzustellen, ob Sie etwas kaufen konnten, was eine ganz annehmbare Qualität hat. Sie brauchen einfach möglichst viel von diesen Maßstäben, um ein klares Rückgrat in Ihrem kulinarischen Leben zu entwickeln. In diesem Zusammenhang sollte man vielleicht auch einmal darauf hinweisen, dass gerade in Deutschland oft nur von einer Art „technischer" Qualität von Produkten die Rede ist. Immer geht es darum, ob etwas gesundheitlich unbedenklich ist oder besonders viel wertvolle Inhaltsstoffe besitzt. Man fühlt sich umzingelt von Bösem und sieht bald in allen Beteiligten des Nahrungsmittelsektors Halbkriminelle. Wenn wir eine gute Vorstellung von Qualität entwickeln und auch bereit sind, dafür etwas Geld auszugeben, erledigen sich viele Probleme in dieser Richtung von selber. Man sollte auch nicht vergessen, dass die besten Restaurants nicht nur eine rein kulinarische Bedeutung haben, sondern – wie es der französische Spitzenkoch Guy Savoy einmal ausdrückte – „einer der letzten Orte der Zivilisation" sind.

Das mag Ihnen jetzt etwas forciert erscheinen – mir jedenfalls ging es so, als ich das zum ersten Mal las. Wenn man aber ein wenig nachdenkt, ob es denn sonst noch Orte gibt, wo man sich in „anständigem" Zustand dezent und gesittet benimmt, wo stundenlange Unterhaltungen in entspannter Atmosphäre stattfinden können und wo – nicht zu unterschätzen – etwas über das Bedienen und Bedientwerden zu erfahren ist, wird man nur schwerlich fündig. Guy Savoy hat da schon einen wesentlichen Zusammenhang benannt. Eines sollten wir aber bei all dem Nachdenken über technische Details und den sozialen Status unserer besten Restaurants nicht vergessen: den enormen Erlebniswert eines richtig guten und beeindruckenden Essens. Natürlich hat das seinen Preis. Aber es werden immer wieder falsche Zahlen miteinander verglichen. Wenn Sie ein Menü in einem Sternerestaurant von guter Qualität bestellen, kann das zum Beispiel 80 Euro kosten (die absolute Spitze liegt mit ihren größten Menüs bei etwa 130 Euro). Dafür bekommen Sie in der Regel einige spezielle Snacks zu Beginn, danach die „Grüße aus der Küche" (Amuse Bouche). Es folgen etwa fünf Gerichte in Form von Vorspeisen, einem Fisch- und einem Fleischgericht. Danach gibt es häufig ein Vordessert (das wie die Snacks zu Beginn und die Amuse Bouche normalerweise nicht in der Karte aufgeführt ist) und dann das Dessert. Am Schluss wird man Ihnen zum Kaffee oder Espresso nochmals Kleinigkeiten (die Petits Fours) servieren. Wenn Sie diese Gerichte in einem gutbürgerlichen Restaurant essen würden, kämen Sie preislich mit Sicherheit ebenfalls irgendwo in die Nähe. Und wenn Sie dann noch die vielen verwendeten Produkte und deren Qualität betrachten, könnte man durchaus auch zu dem Schluss kommen, dass Sie eigentlich keinerlei Aufpreis dafür bezahlen, dass das Essen hier so außergewöhnlich gut ist. Ihr Haus- und Magenkoch aus Ihrem normalen Restaurant um die Ecke könnte das auch nicht billiger anbieten. Wenn ein solches Menü gut gelingt, hat es einen enormen Erlebniswert. Diese Erkenntnis stellt sich eigentlich bei allen Gästen ein, die das einmal erlebt haben. Mittlerweile sind ja auch die Konzertkarten in der – normalerweise auch noch subventionierten – Klassik oder bei Popkonzerten von Rang etwas teurer geworden. Ein hervorragendes Essen braucht als Event jedenfalls keinen Vergleich mit Oper, Konzerten von Klassik bis Rock oder auch Musicals zu scheuen.

Sie könnten jetzt aber nach wie vor damit argumentieren, dass Kosten von 200 Euro pro Person einfach nicht drin sind. Dazu kann ich aus eigener Erfahrung etwas sagen (mehr dazu finden Sie im Nachwort). Ich kenne dieses Gefühl sehr gut. Als meine Frau und ich mit den Besuchen von Spitzenrestaurants begannen, haben wir eine Spardose eingerichtet, die übrigens am Anfang mit dem Geld gefüttert wurde, das wir nach Ende unserer Raucherzeit gespart haben. Hatten wir genügend Geld zusammen, sind wir essen gegangen und haben – ein schöner Nebeneffekt der Spardose – überhaupt nicht darüber nachgedacht, ob das nun viel Geld ist oder nicht. Nach den ersten Essen hatten wir den Eindruck, dass so ein Erlebnis durchaus so seine zwei, drei, vier Monate trägt. Wir haben immer wieder davon erzählt oder uns daran erinnert, ich habe in der Küche bestimmte Sachen nachgemacht oder ausprobiert, und so begannen wir, mit regelmäßigen Besuchen zu leben. Es waren auch Flops darunter, bei denen wir enttäuscht waren. Das hat aber nicht zur Aufgabe dieser Besuche geführt, sondern lediglich dazu, die Restaurants sorgfältiger nach unseren Vorstellungen auszusuchen.

Es gibt allerdings einen merkwürdigen Effekt bei den Spitzenrestaurants. Wenn ich es im Gespräch mit Spitzenköchen über die Gastronomie krass ausdrücken will, sage ich dazu Folgendes: „Von zehn Leuten, die ein Spitzenrestaurant besuchen, kommen neun nie wieder."

Ich weiß nicht genau, ob diese Zahl stimmt, aber der Effekt ist zweifellos vorhanden und auch in einer ziemlichen Deutlichkeit. Was passiert dort? Sind die Restaurants zu schlecht? Gibt es zu viel zu essen? Ist es doch zu teuer? Ist es zu ungemütlich? Werden die Gäste zu schlecht behandelt? All dies kann natürlich eine Rolle spielen. Im Kern steht aber für den Neuling in dieser Szenerie noch etwas anderes, das sehr wichtig ist: Er kann mit dieser Art von Küche noch nicht so viel anfangen, es ist einfach zu neu und zu ungewohnt, um den optimalen Genuss zu ermöglichen! Je nach Lage der Dinge kann der Unterschied zwischen der „normalen" Küche und der Spitzenküche so gravierend sein, dass das Gute schlicht und einfach nicht deutlich erkannt wird. Wer als Fisch bestenfalls ein Stück panierten Kabeljau von der „Nordsee" oder von einem Fischstand auf einem Jahrmarkt kennt, kann durchaus beim Anblick eines schneeweißen Stückes Steinbutt mit etwas kross getrocknetem Parmaschinken und jungem Gemüse in einer leicht gesäuerten Buttersauce („Beurre blanc acidulée" könnte das genannt sein) irritiert sein. Die Reaktion kann so klingen: „Phantastisch, einmalig, das habe ich so noch nie gegessen!" Sie kann aber auch – auf das exakt gleiche Essen – eine unzufriedene sein, weil der Fisch „nicht richtig gewürzt ist", „der getrocknete Schinken als Fleisch zu Fisch irgendwie komisch schmeckt" und die Gemüse in der Sauce „zu hart sind". Hat diese mögliche Kritik Recht? Nach den Regeln der Kunst nicht. Aber was scheren jemand die Regeln der Kunst, wenn er für ein Essen mit ein paar Getränken 200 Euro bezahlt hat und es ihm nicht gefällt?

Essen und Geschmack werden gelernt. So wie wir mit dem vermischten Geschmack eines Hamburgers niemals lernen, wie Fleisch eigentlich schmeckt, so lernen wir auch, dass ein Sauerbraten immer eine sehr dunkle, kräftige Sauce hat und man ebenfalls das Fleisch nicht schmecken kann. Wir lernen, dass Schokolade immer süß ist oder Fisch immer paniert. Aber – beim Essen scheinen uns ein wenig der Selbstreflex und die nötige Bescheidenheit zu fehlen.

Dazu ein Beispiel aus dem Tourismus. Wenn wir im Urlaub nach Griechenland kommen, wissen wir im Normalfall, dass wir die Sprache nicht verstehen, und bleiben defensiv. Soll man etwa den Griechen vorwerfen, dass sie griechisch sprechen und kein Deutsch? Beim Essen ist das nicht viel anders. Verschiedenes Essen hat verschiedene Sprachen und will entschlüsselt werden. Wenn wir diese nicht kennen, können wir es nicht verstehen. Das ist beim Wein ganz ähnlich. Wenn man mit einer hervorragenden Flasche Bordeaux auf der Straße stünde und alle möglichen Passanten etwas probieren ließe, dürfte das Ergebnis ernüchternd ausfallen: Mit ziemlicher Sicherheit wären bei weitem nicht alle Tester begeistert (wenn überhaupt). Wenn Sie nun als Vergleich einen ganz billigen, oberflächlich mit etwas Eichenholznote parfümierten Wein aus Australien oder Kalifornien anbieten würden, könnte es gut sein, dass das Ergebnis kaum von dem Test mit dem guten Bordeaux abweicht. Wenn man sich beim Wein nicht mit einigem Training an ein differenziertes Herausschmecken von Nuancen herangearbeitet hat, kann man einfach keine Qualitäten unterscheiden. Ich will Ihnen an dieser Stelle auch nicht verheimlichen, dass selbst angehende Profis da noch sehr schwankend reagieren. Man hat einmal in Frankreich bei Kursen für Nachwuchs-Sommeliers (Weinkellner) Etiketten vertauscht und guten Wein mit dem bekannten Etikett eines schlechten Weines beklebt und umgekehrt. Das Ergebnis der Probe war absolut peinlich für die Zunft. Man war sich bei weitem nicht sicher ... Geben Sie sich also etwas Zeit und rechnen Sie vor allem damit, dass Sie beim Kontakt mit ungewohntem Essen hin und wieder in diese Lage kommen können.

Was das konkrete Verhalten in einem guten Restaurant angeht, kann man ebenfalls eine ganze Reihe von Dingen beachten, um ein Maximum an Nutzen und/oder Genuss-Erlebnis zu realisieren. Immer wieder beklagen sich Gäste darüber, dass in den Spitzenrestaurants eine Art Druck erzeugt würde mit dem Ziel, möglichst teure Menüs zu bestellen und möglichst teure Weine zu trinken. Diesem Eindruck kann man kaum mit Argumenten entgegentreten. Wenn Sie das Aufbauen verschiedener Menükarten auf dem Tisch oder die Ablage einer mehrere Zentimeter dicken Weinkarte als Bedrohung empfinden, ist das eben so, und man kann wahrscheinlich nur darüber hinwegkommen, wenn Sie die ganze Sache wirklich als ein Angebot ansehen. Was würden Sie machen, wenn Sie ein Restaurant und alle möglichen, sorgfältig ausgetüftelten Menüs hätten? Sie würden sie doch auch anbieten und nicht warten, bis jemand danach fragt. Andererseits hätte ein Oberkellner bestimmt eine wunderbare Einstimmung für den Gast in den Abend, wenn er ganz unschuldig und seriös – aber vielleicht mit einem leichten Lächeln – fragen würde: „Möchten Sie etwas essen?" Es ist also alles ein Angebot, und niemand kann Sie zwingen, das größtmögliche Menü zu bestellen. In einigen internationalen Restaurants findet sich schon einmal ein kleiner Hinweis darauf, dass eine einzelne Vorspeise kein Essen sei, aber das ist wirklich selten. Trotzdem schlage ich vor, für erste zaghafte Kontakte vielleicht ein Mittagessen zu wählen. Mittags sind diese Restaurants oft nicht ausgebucht, und wenn man dann weniger isst, ist das fast normal. Außerdem gibt es mittags bisweilen kleinere Menüs (oft „Business-Menüs" genannt), die wesentlich preiswerter sind. Auch in Spitzenrestaurants essen viele Leute übrigens eine Vorspeise und ein Hauptgericht und durchaus nicht immer ein großes Menü. Bestellen Sie, was Sie wollen, und fragen Sie notfalls, ob das so möglich ist. Fragen Sie eventuell auch ruhig einmal nach halben Portionen zum Ausprobieren (was allerdings nicht immer möglich ist), fragen Sie danach, ob man Gerichte in den Menüs austauschen kann oder ob Sie einen anderen Ablauf haben können. In einem wirklich gut geführten Restaurant wird vieles möglich sein, vor allem dann, wenn Sie sich – und da sollten Sie sich wirklich nicht zurückhalten – als Novize outen, der einmal wissen möchte, wie das hier so alles ist. Es kann gut sein, dass Sie dann auf eine besonders liebevolle Betreuung treffen werden. Das Gegenteil eines solchen Verhaltens ist übrigens völliger Unsinn. Gleich so zu tun, als wäre man in dieser Umgebung geboren, fällt furchtbar auf. Das Servicepersonal hat für so etwas ein untrügliches Gespür. Benehmen Sie sich also offen und ehrlich, und Sie werden ein schönes Essen erleben. Und wenn Sie keine ganze Flasche Wein trinken wollen, sagen Sie das oder fragen Sie nach, ob es nicht ein passendes Glas Wein gibt. Das ist alles normal und Routine.

Der schon etwas weiter entwickelte Feinschmecker sollte zusätzlich ein paar Regeln beachten. Denken Sie zum Beispiel daran, dass mitten im Winter der Spargel hier keine Saison hat und irgendwo aus Südafrika oder Südamerika kommen muss (bei magerer Qualität im Vergleich zu vielen europäischen Produkten). Essen Sie nach der Saison und auch danach, ob die Produkte aus der Region kommen. Manche Dinge reisen nicht gut, und vor allem diverse Meeresfrüchte und Fische sind im Binnenland und an bestimmten Wochentagen kaum wirklich frisch. Das heißt nicht, dass man sie nicht mehr essen kann, aber sie sind einfach nicht im optimalen Zustand. Man wird Ihnen unter Umständen vorrechnen, dass ein Fisch, der am Montagnachmittag in der Bretagne angelandet wurde, am Dienstagmittag auf dem Tisch eines deutschen Restaurants landen kann. Das ist in der Theorie sicher richtig. Aber – so viel frischen Fisch vom Montag gibt es gar nicht, dass jeder Bedarf gedeckt werden könnte … Man kann auch in deutschen Spitzenrestaurants verlernen, wie gut ein wirklich tagesfrischer Fisch schmeckt. Im Prinzip müssten Sie das einmal an der See probieren und sich selber ein Urteil über den Unterschied bilden. Die Interaktion eines kulinarisch einigermaßen gebildeten Menschen mit dem Angebot in einem guten Restaurant ist jedenfalls ein Fass ohne Boden. Und wenn Sie dann ein regelmäßiger und routinierter Besucher solcher Etablissements geworden sind, wird es auch nicht ausbleiben, dass Sie sich an eine gewisse Qualität gewöhnt haben und noch etwas anspruchsvoller geworden sind. Nutzen Sie dann ruhig Ihre Stimme und antworten Sie auf die Frage, ob es geschmeckt hat, ehrlich und differenziert. Fragen Sie auch nach, was dies oder das gewesen ist, fragen Sie nach Garzeiten, wie etwas gemacht ist oder nach was auch immer. Ein erkennbar ehrliches Interesse an der Sache wird fast immer honoriert werden, und Sie können mit hundert Prozent mehr Erkenntnissen nach Hause gehen, als es nach einem ganz normalen Essen der Fall wäre. Manchmal kann man auch einen Blick in die Küche werfen oder mit dem Chef selber sprechen. Nutzen Sie die Möglichkeiten, aber werden Sie auf keinen Fall ein Querulant, dem man nichts recht machen kann. Wer meckert und erkennbar nichts von der Sache versteht, ist meist sofort völlig aus dem Spiel. Und wenn Sie trotz aller Bemühungen irgendwie nicht richtig warm werden mit den Spitzenrestaurants, wäre es dennoch keine gute Idee, gleich aufzugeben. Wenn Sie sich ernsthaft für Essen interessieren, sollten Sie sich zumindest über wichtige Neuentwicklungen bei kreativeren Köchen informieren. Und hüten Sie sich vor allzu viel Umgang mit saturierten „Experten", die schon überall gewesen sind und jetzt nur noch in „entspannte" Bistros gehen: sich aus Entwicklungen auszuklinken war noch nie ein Zeichen besonderer Intelligenz.

Unterwegs

Die kulinarische Landkarte: Von einem Höhepunkt zum anderen

Fast jeder von uns ist heutzutage häufiger unterwegs. Neben die klassischen Ferien tritt der Kurzurlaub oder der Städtetrip, und alles in allem sehen wir recht viel von der Welt. Das sollte man kulinarisch unbedingt nutzen. Ich meine dabei aber nicht allein den Besuch in irgendeinem zufälligen Restaurant, sondern die wirkliche Nutzung all dessen, was gerade in fremden Ländern und Regionen kulinarisch kennen zu lernen ist. Aus eigener Erfahrung weiß ich, dass solche Vorhaben nur schwierig zu verwirklichen sind, weil man sich von hier aus viel vornehmen kann, einmal irgendwo angekommen aber bisweilen die rechte Konsequenz fehlt. Andererseits: Sollten Sie jemals so etwas in einigem Umfang gemacht haben, werden Sie zu Hause mit allergrößter Freude ihre Neuerwerbungen betrachten. Der kulinarisch interessierte Mensch sollte immer und überall wachsam sein. Er sollte fragen und probieren, nach Adressen suchen, in Nebenstraßen gehen, den Hinweisschildern folgen, sämtliche Märkte besuchen und auf keinen Fall nur den meist völlig unzureichenden Hinweisen in kurzen Zeitungsartikeln oder nur scheinbar gut informierten Führern folgen.

Vor allem sollte er nicht zum amerikanischen Gourmet-Autor werden, der zufällig irgendetwas findet und das dann sofort an die große Glocke hängt. Ich habe einmal im Elsass die kulinarischen Spuren einer bekannten amerikanischen Autorin verfolgt und war geradezu fassungslos, was sie alles nicht wahrgenommen hatte. Es gibt immer und überall ein paar wichtige Adressen berühmter Weingüter oder spektakulärer Läden. Diese Adressen machen die Runde durch sämtliche Führer und Artikel, und nur selten kommt eine neue Adresse hinzu. Forschen Sie also selber, und Sie werden mit Sicherheit mehr finden, als es den Anschein hat. Gerade im Ausland (aber durchaus auch z.B. in deutschen Weinregionen) ist eine konsequente Suche nach interessanten Dingen oft ein echtes Vergnügen. Vor allem erweitert sie unsere durch Discounter und Supermärkte erheblich eingeschränkte Warenkenntnis ganz enorm. Um beim Elsass zu bleiben: Wenn Sie dort sind, gehen Sie doch einmal in einen Supermarkt wie „Cora" am Rande von Colmar (Richtung Straßburg). Nehmen Sie sich etwas Zeit (es können schnell ein bis zwei Stunden daraus werden) und gehen Sie jeden Gang der Lebensmittelabteilung ab. Ich mache solche Besuche seit Jahren regelmäßig und bin immer wieder erstaunt darüber, was alles angeboten wird, wie sich die Schwerpunkte verändern oder entwickeln und welche Qualitäten – vor allem im Frischebereich – zu finden sind. Falls Sie bereits solche Supermärkte als Informationsquelle erkannt haben, werden Sie vielleicht auch schon festgestellt haben, dass es natürlich kleinere Supermärkte mit einem eher durchschnittlichen Angebot gibt und dass es ein großer Unterschied ist, ob ein Supermarkt auf dem Land oder am Rande großer Städte ist. „Cora" in Colmar gehört zu den großen und gut bestückten Supermärkten. Man findet die Touristen in Frankreich allgemein recht häufig in den Weinabteilungen, leider aber selten bei der systematischen Erforschung des Angebotes. Sie werden sich also eventuell wundern, wie viele Sorten von Salz angeboten werden, was es für spezielle Schokoladen gibt oder – selbstverständlich – welche enorme Vielfalt in der Käseabteilung zu finden ist. Es gibt Fertiggerichte von Spitzenköchen (in Belgien übrigens noch viel mehr), mehrere Sorten Hühner in der Geflügelabteilung, vor den Feiertagen ein unglaublich großes Angebot von Gänse- und Entenstopfleberprodukten, ein für deutsche Verhältnisse riesiges Fischangebot, zwanzig Sorten Eier und Butter von der Massenware bis zu edler Rohmilchbutter. Natürlich werden Sie auch feststellen können, dass sich mit den Jahren die eine oder andere negative Veränderung ergibt und klassische Spitzenprodukte auch nicht immer vorrätig sind. Sie werden bekannte Produkte aus der Gourmet-Küche (z. B. spezielle Lamm-Sorten wie das Pauillac-Lamm oder das Salzwiesenlamm vom Mont-Staint-Michel) auch hier nicht finden. Wie auch immer: Sie werden jedenfalls den Eindruck gewinnen, wie vielfältig eine kulinarische Warenkultur ausfallen kann und dass wir in Deutschland da doch zum größten Teil ein ziemlich verarmtes Angebot haben.

Ein weiteres Beispiel sind die Innenstädte großer Metropolen. Nehmen wir einmal Brüssel als Beispiel. Wenn Sie als normaler Tourist nach Brüssel kommen, werden Sie zwar über die unglaubliche gastronomische Vielfalt staunen können, nicht aber so ohne weiteres über eine größere Anzahl von guten Geschäften mit einem kulinarischen Angebot von Rang. In Brüssel ist es fast ein wenig heimtückisch: Wenn Sie schon meinen, hier sei nichts, müssen Sie noch einmal um die nächste Ecke gehen. Da ist dann vielleicht ein hervorragendes Käsegeschäft (wie zum Beispiel Langendries, am unteren Ende der „Fressgasse" Rue des Bouchers, ein paar Schritte seitlich) oder das beste Geflügelgeschäft der Stadt. Und wer kommt schon als Tourist in die Nähe des Großmarktes, wo sich eine ganze Reihe hervorragender Läden befinden – ganz zu schweigen von dem Markt, auf dem zu teilweise bemerkenswert günstigen Preisen für uns normalerweise recht teure Gemüse wie etwa Artischocken zu bekommen sind. Das kulinarische Brüssel ist also recht schwierig aufzuschließen.

Nicht viel anders ist es in Paris. Die wichtigsten Adressen sind über die ganze Stadt verstreut und kaum zufällig zu finden. Und wer weiß schon, dass es im belgischen Lüttich ein kleines Geschäft gibt (in einer kleinen Nebenstraße der Rue du Pot d'Or), in dem Sie ganz exquisite Produkte kaufen können, die jedem Spitzenrestaurant zur Ehre gereichen würden? Ich habe dort von korsischem Schwein bis zu Wildgeflügel jeder Art alles Mögliche bekommen. Es ist natürlich durchaus nicht so, dass wir in Deutschland nicht auch unsere großen Städte mit einer stark verbesserten Einkaufslage hätten. Die Stärken sind zum

Beispiel Innenstadt-Märkte und Markthallen wie der Viktualienmarkt in München, die Markthalle in Stuttgart oder der Karlplatz in Düsseldorf und die Lebensmittelabteilungen großer Innenstadtkaufhäuser wie z. B. das Kaufhaus des Westens (KaDeWe) in Berlin oder der Kaufhof in Köln.

Der intelligente Freund guter Dinge braucht im Kopf so etwas wie eine kulinarische Landkarte (ein Notizbuch mit Adressen tut es natürlich auch). Sie werden sehen, dass Sie in relativ kurzer Zeit über einen ganzen Fundus von wichtigen Adressen verfügen können und langsam aber sicher unabhängig von dem begrenzten Angebot in unseren heimischen Supermärkten werden. Mit einem solchen Wissen wird jeder Besuch in einer kulinarisch interessanten Gegend und jeder Besuch in einer Großstadt zu einem großen Vergnügen. Ich möchte sogar noch weiter gehen und behaupten, dass für Leute, die Essen und Kochen als eine Art Hobby betreiben, die kulinarischen Adressen das eigentliche Reiseziel sind. Machen Sie sich also doch Ihre Reiseführer selber!

Systematisch essen: Investieren lohnt sich

Neben den Einkaufsquellen sind die Restaurants, die Sie besuchen, eine nicht zu unterschätzende Quelle der Inspiration – auch wenn es nicht nur besonders gute Restaurants sind. In der Regel ist ein Restaurant in einem anderen Land schon deshalb interessant, weil dort ein anderes Geschmacksbild zu erwarten ist. Wenn ein Essen ungewöhnlich schmeckt, aber in sich durchaus stimmig ist, kann man ohne weiteres von einer Bereicherung für das kulinarische Wissen ausgehen – auch wenn vielleicht die eine oder andere Garzeit überschritten ist oder sonst etwas nicht ganz so überzeugt. Als besonders hilfreich erweist sich mit der Zeit auch in diesem Bereich ein umfassendes, gründliches Wissen, das ganz ähnlich zustande kommt wie bei den Einkaufsmöglichkeiten. Auch wenn Sie dazu neigen, immer in ein einmal für gut befundenes Restaurant zu gehen, versuchen Sie, sich davon zu lösen und ein klein wenig experimenteller zu denken.

Sie waren noch nie bei einem „Koreaner"? Gehen Sie hin. Allerdings – meine Frau neigt nach diversen Versuchen in einfacheren Restaurants regelmäßig dazu, sich wieder besseren Adressen zuzuwenden, weil die Kombination von durchaus schon erhöhtem Preis und ziemlich schlechtem Essen leider sehr häufig vorkommt. Ich bleibe aber dabei, dass die Erfahrungen in einer möglichst breiten Form immer ein Gewinn sind.

Etwas anders sieht die Lage aus, wenn Sie essen gehen, um Ihre Fertigkeiten in der Küche zu vervollkommnen. Dafür sollten Sie ein echtes Programm entwickeln, bei dem Sie nicht nur systematisch Ihren Horizont erweitern, sondern eben auch ganz dezidiert Qualitäten kennen lernen. Um in diesem Sektor Ihr Geld so intelligent wie möglich einzusetzen, empfiehlt sich dringend das Studium der großen internationalen Gourmetführer (vor allem Michelin und Gault Millau). Sie werden sicherlich schnell feststellen, dass es da bisweilen sehr unterschiedliche Bewertungen gibt und dass vielleicht die eine oder andere Wertung in Ihren Augen etwas hoch ausfällt. Wenn Sie dann aber gelernt haben, mit den Angaben und Bewertungen in den Führern zu leben, und z.B. beim Gault Millau auch gewisse stilistische Vorlieben erkannt haben, können Sie sich ohne große Verluste beim investierten Geld der systematischen Erforschung der Restaurants widmen. Wichtig ist zunächst, die Untergrenze einzuziehen, also festzustellen, welche Restaurants Ihnen bei Ihrem Vorhaben nützlich sind und welche nicht. Es kann sein, dass Sie in ein Sterne-Restaurant gehen und hinterher meinen, das Essen sei zwar gut gewesen, aber eher konventionell und damit für Ihre vielleicht speziellen Interessen zu langweilig und außerdem nicht so umwerfend viel besser als Ihre Küche zu Hause. Wenn Sie also – rein theoretisch – feststellen, dass Ihnen nur die absoluten Spitzenkönner neue Inspirationen geben können, sollten Sie auch nur dorthin gehen und notfalls regelmäßig Geld dafür sparen. Oft kann ein Besuch in einem für die persönliche kulinarische Entwicklung wichtigen Restaurant ein einschneidendes Erlebnis sein. Ich rate dringend zu Mut, möglichst schnell einmal ein echtes Spitzenrestaurant (3 Sterne) zu besuchen, um etwas Struktur in die Wertvorstellungen von Küche zu bekommen. Wenn Sie sich wirklich fürs Kochen interessieren, wird ein solcher Besuch auch eher anspornen, als mutlos machen. Sie wissen dann einfach, welche Qualität erreicht werden kann. Ohne diese Orientierung besteht ansonsten die Gefahr, dass Sie in einem luftleeren Raum arbeiten.

Nach der Erkenntnis, welche Qualität möglich ist, sollte der nächste Weg zur Erkundung unterschiedlicher Küchenstile führen. Schon vor Beginn meiner Arbeit als Restaurantkritiker habe ich immer danach gesucht, wo es eine besonders spezielle Küche gibt – auch wenn die Bewertung dafür vielleicht nicht ganz so hoch war. Sie dürfen dabei nicht vergessen, dass zum Beispiel die besten asiatischen Restaurants in Europa nirgendwo mehr als einen Michelin-Stern haben oder viele ländliche Restaurants in Italien mit einer makellosen Pastaqualität und saubersten Saucen gar nicht erst erwähnt werden. Mit dem Gewinn eines gewissen Überblicks über die Lage bei den interessantesten Restaurants werden Sie auch sicherer in ihren eigenen Versuchen werden. Sie werden erkennen, dass es neben der klassisch-französischen Haute Cuisine eben auch andere gute Küchen gibt und insofern jede Einseitigkeit in der Küche kontraproduktiv ist. Der Versuch, systematisch zu essen, ist übrigens sehr viel spannender, als sich einseitig an den hohen Wertungen zu orientieren.

Auch hier kann eine Art Landkarte im Kopf entstehen, die Ihnen bei Ihren Fahrten und Reisen einen spannenden Ablauf sichert.

Die Förderung
der kulinarischen Intelligenz

Vorbemerkung

Wie entwickelt sich kulinarische Intelligenz?

Wenn es ein wichtiges Merkmal des intelligenten Menschen ist, dass er Informationen besonders gut verknüpfen, sie logisch einander zuordnen und sie dazu benutzen kann, die Dinge in einem komplexeren Zusammenhang zu sehen, haben wir bei der Entwicklung der kulinarischen Intelligenz ein ganz besonders komplexes Feld vor uns, bei dem wir uns mit einer Vielfalt von Aspekten rund um das Essen befassen müssen. Zusätzlich gilt für das Erfassen komplexerer Zusammenhänge auch noch, dass man sich regelmäßig mit ihnen befassen muss, weil sonst immer wieder Informationen aus dem Gedächtnis verschwinden. Es heißt zwar immer, dass man bestimmte Dinge, die man einmal gelernt hat, nie vergisst, aber in Wirklichkeit ist man nur richtig fit, wenn man regelmäßiges Training hat. Wer täglich kocht oder zumindest einige Male pro Woche oder – das absolute Minimum – wenigstens am Wochenende regelmäßig in der Küche zu finden ist, wird erleben, wie sicher und stabil sich sein Verhältnis zur Arbeit in der Küche entwickelt. Um aber wirklich Fortschritte zu machen, muss man das Stadium einseitiger Informationen verlassen und lernen, dass es unterschiedliche Meinungen gibt, dass es das gleiche Gericht in vielen verschiedenen Versionen gibt und dass überhaupt ein richtig gutes Urteil über alles Mögliche nur dann entsteht, wenn eine ausreichend große Zahl von Informationen zur Verfügung ist. Sie müssen quasi mehr zu sich selber kommen, Informationen sammeln und bewerten (können) und nicht so sehr das mehr oder weniger unfreiwillige Opfer fehlerhafter Informationen werden. Es gibt unter Köchen das schöne geflügelte Wort: „In einer Suppe kann nur drin sein, was man auch hineingetan hat." Gemeint ist ursprünglich damit, dass man so viel Salz und Pfeffer und/oder Suppengemüse verwenden kann, wie man will, wenn nicht ein ordentliches Stück Suppenfleisch darin ausgekocht wurde, kommt einfach kein richtig tiefer Geschmack zustande. Entschuldigen Sie bitte den Vergleich, aber sehen Sie doch einmal Ihren kulinarischen Speicher im Kopf in dieser Art.

Es gibt bei der Entwicklung kulinarischer Intelligenz bestimmte Phasen. In einer ersten Phase, die man vielleicht die **erste Sammelphase** nennen könnte, werden Sie zwangsläufig auch Dinge speichern, die sich später als überflüssig oder falsch herausstellen. Daran kann man so gut wie nichts ändern, es sei denn, Sie würden ununterbrochen mit jemandem zusammen sein, der Ihnen bei der richtigen Einordnung von Informationen hilft. Eine typische Verhaltensweise in dieser Phase ist zum Beispiel, dass Sie auf eine bestimmte Produktqualität schwören, in Wirklichkeit aber nur noch nicht wissen, was es da sonst noch alles gibt. Natürlich kann jemand, der sein Leben lang nur aromenfreien Holländer Käse gegessen hat, einen beliebigen französischen Industrie-Brie für eine wunderbare Entdeckung im Reich der Käse halten. Wenn er später dann einmal guten Rohmilchkäse probiert hat, wird er über seine alte Vorliebe vielleicht lächeln. Aber der Käsefreund sollte nicht zu viel lächeln, und vor allem natürlich nicht über andere. Es könnte ja sein, dass er eines Tages einen der wenigen Weltklasse-Affineure (Spezialisten, die Käse in eigenen Kellern zu einer optimalen Reife bringen) findet und seinen bisherigen Wissensstand wieder revidieren muss. Nach vielen Jahren Beschäftigung in diesem Bereich bin ich sehr vorsichtig geworden mit jeder Art von endgültigen Urteilen. Man kann sich natürlich eine riesige Menge (und sie ist wirklich riesig!) an Informationen beschaffen, aber ein auch nur einigermaßen komplettes Wissen ist wohl auch hier nicht auswendig zu lernen.

Nach der Sammelphase mit ihren vielen Unwägbarkeiten kommt die **Bewertungsphase**, in der verstärkt dazu übergegangen wird, die Informationen zu ordnen und mehr und mehr zu bewerten. Sie gewinnen zunehmend Sicherheit in der Einschätzung, dass eine bestimmte Qualität tatsächlich ziemlich gut ist, dass bestimmte Kochtechniken ein gutes Resultat bringen, und können vielleicht auch schon die Qualität von Essen außer Haus einigermaßen seriös einschätzen. (De facto kommt das nicht alles gleichzeitig, sondern man ist eben hier und da schon ein gewisser Kenner der Materie, anderswo noch nicht.) Diese Phase ist sehr gefährlich und ein echter Prüfstein dafür, wie weit Sie Ihre kulinarische Intelligenz tatsächlich entwickeln können. Der Mensch neigt eben einfach dazu, auch den kleinsten Wissensvorsprung gegenüber anderen schon auszuspielen und den Kenner zu geben – selbst dann, wenn ihm noch Unmengen an Kenntnissen fehlen. Wenn man mit seinem Wissen zu früh zu zufrieden ist, kann dies eine echte Selbstblockade bedeuten und Sie für längere Zeit oder für immer lahm legen. Erinnern Sie sich bitte einmal kurz an Menschen in Ihrem Bekannten- und Freundeskreis, die bestimmte kulinarische Kenntnisse haben, also zum Beispiel als guter Hobbykoch oder Weinkenner gelten. Ich vermute, Sie werden eine ganze Reihe Beispiele dafür finden, wie gerade im kulinarischen Sektor mit sehr wenig Substanz schon sehr viel Wind gemacht wird. Im positiven Sinne ist die Bewertungsphase eine wichtige Phase des ersten Sortierens von Informationen, vor allem aber auch eine Phase, in der man sehr sorgfältig und ehrlich feststellen sollte, was man nicht weiß. Gelingt es an dieser Stelle, präzise festzuhalten, wo man steht, und die optimalen Konsequenzen daraus zu ziehen, wird es (und muss es) zu einer **zweiten Sammelphase** kommen. In dieser Phase wird das gewonnene Wissen vertieft, weil man erkannt hat, wo noch Lücken bestehen. In der Breite wird das Wissen komplettiert, so dass Sie bei einer kulinarisch intelligenten Kombinatorik Ihrer Kenntnisse (z.B. wenn Sie die Qualität eines Restaurants einschätzen wollen) zu einer bereits ziemlich seriösen Folgerung kommen können. Sie werden in dieser Phase auch erkennen können, welche Informationen unnötig Ihren „Speicher" füllen (z.B. lexikalisches Weinwissen, das man auch in einem Buch nachsehen könnte) und welche Sie unbedingt brauchen, um wirkliche Fortschritte zu erzielen (z.B. das Erkennen von Zusammenhängen zwischen ihrem eigenen Willen und den vielfältigen Einflüssen von Freunden, Werbung oder Medien). In der ersten Sammelphase sind Ihnen solche Schlüsse eigentlich noch nicht möglich, weil Sie nicht über genügend Informationen verfügen. In dieser Phase kann es übrigens gut sein, dass die Beschäftigung mit dem Kulinarischen Ihnen sehr viel Freude macht, weil Sie das Gefühl bekommen können, alles, was sie tun, sei sehr sinnvoll. Es folgt die schönste Phase in der Entwicklung kulinarischer Intelligenz, die **Anwendungsphase**. Nicht, dass sie nicht in jeder Phase munter essen und trinken und probieren und kochen sollten, aber was jetzt möglich wird, ist etwas anderes. Sie werden erleben, welche enorme Genugtuung gerade im kulinarischen Bereich das Leben als Kenner macht. Sie werden vielleicht einmal zu Hause in der Küche stehen, ein paar einfache Zutaten auf dem Tisch liegen haben und sich sagen, dass

Sie in wenigen Minuten daraus ein ganz wunderbares Essen machen können. Im Handumdrehen verwandeln Sie etwas Salat, Gemüse und Kräuter mit einigen weiteren Kleinigkeiten in einen prachtvollen Salat, weil Sie in der Lage sind, mit Ihrer wohl ausgewählten Zutatensammlung und Ihrem Know-how eine ganz spezielle Vinaigrette zu erzeugen. Wenn Sie einkaufen, können Sie mit sicherer Hand die Spreu vom Weizen trennen und jederzeit aus einem guten Marktangebot, ohne ein Rezeptbuch zu konsultieren, ein gutes und interessantes Essen machen. Nach umfangreichen Degustationen probieren Sie einen Wein und wissen sofort ganz genau, ob Sie etwas davon kaufen sollten oder nicht. Sie können in den vielen unersprießlichen Unterhaltungen uninformierter Leute über das Essen jederzeit eine positive Funktion übernehmen und auf diese Weise vielleicht auch andere von der Sache faszinieren.

Auch wenn das vielleicht hier etwas über das Ziel hinausgeht: Ich meine, es gäbe noch eine weitere Phase, die ich hier einmal genüsslich die **Kontemplationsphase** nennen möchte. Sie besteht sozusagen aus Essen, ohne zu essen. Ich will das hier nicht zwingend empfehlen, sondern nur einmal ein großes Vergnügen benennen, das sich in meinem Falle irgendwie so ergeben hat. Wenn ich einmal wieder zu viel gearbeitet habe und zu viel unterwegs gewesen bin und endlich einmal wieder abends zu Hause sitze und Zeit habe, mir ein Buch vorzunehmen: Was meinen Sie, mache ich dann? Ich hole mir ein besonders schönes Kochbuch eines besonders interessanten Meisters und lese die Rezepte … Dazu muss ich noch eine Kleinigkeit erläutern. Es ist beim Entwickeln von Rezepten so ähnlich wie beim Komponieren von Musik. Viele Köche und viele Komponisten können am Schreibtisch arbeiten, ohne dass man z.B. am Klavier immer überprüfen muss, wie etwas klingt, oder eben auch ohne dass man unbedingt sofort ausprobiert, wie etwas schmeckt. Das Schreiben von Rezepten ist – solange es sich um vergleichsweise standardisierte Rezepturen handelt – ohne Probleme am Schreibtisch möglich. In dem Moment, wo es spezieller und neuartiger wird, sieht das natürlich etwas anders aus. Aber – wenn etwa bei mir jemand anruft und nach einer Lösung für ein bestimmtes Gericht fragt, kann ich das natürlich ohne Probleme sofort durchgeben. Vor diesem Horizont ist auch das Lesen von Rezepten sehr viel konkreter, als man vielleicht meinen sollte. Und so sitze ich dann eben da und versenke mich – zur Entspannung – besonders tief in besonders interessante Kreationen, wobei mir übrigens regelmäßig auch noch die besten Ideen kommen. Auch wenn das de facto eine Art Rezeptstudium ist – wir kommen weiter unten darauf zurück –, sehe ich das eher als eine kontemplative Beschäftigung.

Zu Hause

TV: Viel Wind um ziemlich wenig

Die oben erläuterten Phasen der Entwicklung kulinarischer Intelligenz spielen sich bei weitem nicht nur in der Praxis ab, sondern zu einem erheblichen Teil im Zusammenhang mit den Medien im weiteren Sinne (also von Zeitschriften über Bücher bis zu Radio, TV oder auch DVDs). Das deutlichste Bild wird uns dabei vom Fernsehen vermittelt. Viele Menschen waren vielleicht noch nie in einem Spitzenrestaurant, haben aber einmal einen Film darüber gesehen. Wir lernen Landschaften kennen, Erzeuger von Spezialitäten und vor allem viele, viele Köche. Kann man mit dieser Informationsflut etwas anfangen oder vielleicht doch nicht? Kann man etwas lernen, und wenn ja, hat es eine ausreichende Qualität? Vorab könnte man eine mögliche Antwort vielleicht so formulieren: Seien Sie sehr, sehr vorsichtig und misstrauisch, und bei Kochsendungen ganz besonders. Aber der Reihe nach.

Bei den Filmen über Sachthemen scheint ja so weit alles in Ordnung zu sein. Es gibt keine dummen Kommentare, die Bilder sind schön, und irgendwie geht es alles immer ziemlich genüsslich und gemütlich zu. Dieses Bild ist leider nicht ganz richtig. Das Problem ist, dass die TV-Redaktionen, die sich mit kulinarischen Dingen befassen, nicht durchweg von größeren Spezialisten besetzt sind. Was vorherrscht, ist eine Art unsystematisches Wissen, das dazu führt, dass die Redaktionen mal dies, mal das mitbekommen und dann auf ein solches Thema „einsteigen". Während wir in anderen Themenbereichen im Fernsehen oft sehr gute Journalisten finden, ist deren Zahl im kulinarischen Sektor verschwindend klein. Was passiert, ist eine Berichterstattung, die vor allem von schönen Bildern lebt, im Detail aber immer wieder offenbart, dass man einfach viele Dinge überhaupt nicht verstanden hat. Bei kulinarischen Reiseberichten wird schon mal über Spezialitäten und Erzeuger berichtet, die kaum jemand kennt (die aber auch keine spezielle Entdeckung sind), dafür werden andere, sehr

viel wichtigere völlig vergessen. Irgendwie scheint hinter all dem keinerlei Plan zu stecken und der Zufall zu regieren. Ich erinnere mich
zum Beispiel an eine Produktion über den belgischen Chocolatier
Pierre Marcolini, die im deutschen Fernsehen lief. Dieser Film hatte
überhaupt keinen logischen kulinarischen Faden und schaffte es bei
weitem nicht, die überragende Qualität dieses Chocolatiers darzustellen und zu erläutern. Dafür hatte man sich eine sicher etwas teurere
Reise nach Madagaskar zu den Erzeugern von Kakaobohnen geleistet
und dehnte diesen Teil des Filmes völlig unsinnig aus. Nicht besonders
ausgewogen finde ich auch, dass etwa regelmäßig irgendwo über den
Pariser Gewürzladen „Izrael" berichtet wird, das „Alte Gewürzamt" des
Spitzenkochs Ingo Holland in Klingenberg am Main aber so gut wie
nie Erwähnung findet – obwohl er das bei weitem bessere Angebot hat.
Es empfiehlt sich jedenfalls, diese bunten TV-Flecken ruhig mitzuneh-
men, aber wegen der oft mangelnden Recherche dahinter vorsichtig mit
dem Inhalt umzugehen.

Ein äußerst kritisch zu sehendes Feld sind die vielen Kochsendungen.
Auch wenn man eine deutliche Unterscheidung zwischen den jugend-
lichen Koch-Hektikern und gestandenen Profis machen muss, sollte
man eine Tatsache von vornherein in seine Überlegungen einbeziehen:
Auf wirklichen kulinarischen Kompetenzgewinn sind die Kochsendungen überhaupt nicht zugeschnitten. Eine Aneinanderreihung von
Rezepten mit ein paar Erläuterungen bringt extrem wenig, weil sie nur
unsystematisch an der Oberfläche bleibt. Hobbyköche oder lernwillige
Laien haben oft unglaublich viele Fragen selbst zu einfachsten Rezepten.
Diese Fragen werden quasi nie beantwortet. Ein Zuschauer auf dem
Weg zu einer entwickelten kulinarischen Intelligenz sollte vor allem
dann misstrauisch werden, wenn alles mal wieder ganz besonders einfach sein soll. Bis auf wenige Ausnahmen hervorragender Meisterköche
schmecken einfache Sachen auch einfach und durchaus nicht besonders
gut. Etwas Tomate, Basilikum und Mozzarella müssen schon von überragender Qualität sein, bis sich irgendetwas Erwähnenswertes tut. Was
wirklich einen Fortschritt erbringen würde, ist echter, systematischer
kulinarischer Kompetenzgewinn, bei dem weniger einzelne Rezepte
zügig vorgekocht werden, als vielmehr das Verständnis für Kochprozesse
und Zusammenhänge geweckt wird. Dazu kommt dann auch noch
zu allem Überfluss, dass viele (eigentlich fast alle) der TV-Köche ihre
Privatmeinung haben und versuchen, ihr manchmal durchaus nicht

überragendes Verständnis der Sache als das einzig Richtige darzustellen. Man hat bisweilen den Eindruck, als wollten viele von ihnen – mit einer Mischung aus Marotten und Macken sozusagen – eine Art „gesunden kulinarischen Menschenverstand" verbreiten. Sollten Sie einmal diesen Eindruck gewinnen, ist Vorsicht angeraten. Man will dann vielleicht nur populär wirken und drückt sich vor der Vermittlung der wirklich nützlichen Dinge. Muss man wirklich in alle Gerichte größere Mengen Knoblauch packen, wie das in einer langjährigen Sendung immer wieder vorkommt? Oder eine andere Szene aus dieser Sendung. Da wird locker über ein Stück Lammrücken gesprochen und das dann mal eben mit dem Hinweis, nach soundso viel Minuten sei es auf den Punkt gegart und rosa, in den Ofen geschoben. Danach wird es angeschnitten und ist ... nicht rosa, sondern deutlich übergart. Anstatt das nun vernünftig zu erklären – was man schließlich auch mit Fehlern sehr gut machen könnte –, wird einfach darüber hinweggegangen. Zu Sendungen mit prominenten Gästen kann man eigentlich nur sagen, dass man hier höchstens lernt, was man alles falsch machen kann. Ganz besonders unsinnig geht es in der Regel dort zu, wo am meisten Show-Charakter zu finden ist. Man hat in vielen Sendeanstalten anscheinend erkannt, dass man mit Kochshows Geld verdienen kann, und schert sich nicht im Mindesten darum, ob das irgendeinen kulinarischen Sinn macht. Ich habe einmal einen wichtigen Buchspezialisten für kulinarische Bücher gefragt, wie denn eigentlich so die Verkäufe von Büchern zu diesen Sendungen sind und wer diese Bücher kauft. Die Antwort war verblüffend. Er meinte, diese Bücher würden fast ausschließlich verschenkt, und soweit er wüsste, koche so gut wie niemand danach. Die Einschätzung dieser Shows sollte aber nicht bei ein wenig oberflächlicher Beschwerde über die schlechte pädagogische Wirkung stehen bleiben. Was schlimm ist, sind die indirekten Folgen. Eine erfolgreiche Sendung zieht immer Kopien nach sich, und es kommt schnell zu einem Boom. Dieser Boom ist aber nicht ein Koch-Boom, sondern nur ein Boom solcher Art von Kochsendungen. Irgendwann hat man dann die Sache „abgefeiert" und braucht neue Reize, um sein vergnügungssüchtiges Publikum an den Sender zu ketten. Dann sind vielleicht Koch-Sendungen plötzlich „out" und der Weg zur Verbesserung der Situation erst einmal blockiert. Die Realität sieht zum Beispiel so aus, dass Verantwortliche eines großen Senders eine sehr gut gemachte Reihe kulinarischer Reportagen nicht mehr fortsetzen wollten, weil sie „das Thema Kochen nicht mehr hören konnten" (glücklicherweise hat man sich aber noch einmal besonnen). Wenn es dagegen gelänge, durch überzeugende Konzepte ein festes Publikum an die Vermittlung systematischer Kenntnisse zu koppeln, sähe die Sache sicherlich deutlich anders aus.

Falls Sie einmal die Möglichkeit haben, in verschiedenen Ländern Kochsendungen zu sehen, werden Sie unter Umständen auch einmal interessante Abweichungen feststellen. In Frankreich gibt es zum Beispiel eine Sendung eines ehemals überragenden Spitzenkochs (Joel Robuchon), der nach Ende seiner aktiven Zeit als Gourmetkoch schnell eine Serie im Fernsehen bekam. Dort lädt er immer einen weiteren Koch ein und widmet sich in aller Ruhe einem einzelnen Rezept. Dieses Rezept wird dann aber so gut erklärt und so präzise demonstriert, dass man quasi bei jeder Sendung das Gefühl hat, man hätte wirklich etwas dazugelernt. Wenn Sie eine solche Sendung einmal mit anderen vergleichen, wird Ihnen auch schnell auffallen, wie wenig Substanz selbst die professionellen Köche in ihren Fernsehsendungen vermitteln. Kochen und Kochen erklären sind einfach zwei Paar Schuhe. Wir müssen heute leider davon ausgehen, dass wir nur mehr oder weniger begabte Köche sehen, aber so gut wie nie eine vernünftige Erläuterung bekommen.

Zeitschriften: Es dürfen auch ein paar mehr sein

Rezepte und Küchentipps waren schon immer ein fester Bestandteil des Programms vieler Zeitschriften und haben dort eine lange Tradition. Diese Rezepte kommen meist aus darauf spezialisierten Agenturen. Wenn ich sie mir heute etwas genauer ansehe, bin ich meist geradezu erschrocken darüber, wie grob und oberflächlich dort gearbeitet wird. Zusätzlich haben sie oft eine Geschmacksvorstellung, die sich quasi nie mit dem deckt, was allgemein von guten Köchen national und international für gut befunden wird (und was nichts damit zu tun hat, ob ein Rezept einfach oder schwierig ist). Oft arbeitet man mit merkwürdig süß-sauren Kombinationen, gibt abenteuerlich falsche Garzeiten an und tut anscheinend vor allem alles, um ein gutes Foto von dem Gericht zu machen. Der Zwang in vielen Frauenzeitschriften, jede Woche oder jeden Monat eine neue Strecke von Rezepten auf den Markt zu bringen, hat dazu geführt, dass die Food-Designer(innen) regelmäßig anspruchsvollere Gourmet-Zeitungen aus aller Welt oder die Bücher von Spitzenköchen auf neue Ideen hin untersuchen und diese dann in einer äußerst simplen und banalen Form ausschlachten. Der intelligente Beobachter sollte wissen, dass es wirklich gute Rezepte nur sehr selten – und wenn, dann normalerweise nur aus der Hand von Spitzenköchen oder Spezialisten gibt (siehe im nächsten Kapitel) – und der ganze schöne Schein nicht zwingend etwas mit Qualität zu tun hat.

Was sich allerdings empfiehlt, ist die Lektüre von Zeitschriften, die in einer deutlich präziseren Art informieren, und das am besten international. Sie brauchen dazu nicht unbedingt jedes Heft zu kaufen, aber es zeigt sich immer wieder, dass der Blick auf die kulinarischen Dinge so viele unterschiedliche Blickwinkel annehmen kann, dass es außerordentlich lehrreich ist, sich so breit gefächert wie möglich damit zu beschäftigen. Speziell in Frankreich gibt es immer wieder (so muss man es formulieren, weil die Zeitschriften dort wirklich kommen und gehen) hervorragende Beispiele, darunter sogar solche, die sich nur mit der absoluten Spitzenküche befassen. Wenn ich einmal ein paar Monate nicht in Frankreich war, gibt es normalerweise immer wieder neue Dinge zu entdecken. Für besonders wichtig halte ich – auch wenn das vielleicht oberflächlich klingt – die vielen kleinen Informationen zu neuen Restaurants hier und neuen Rezepten dort, zu neuen Produkten oder dem besten chilenischen Cabernet Sauvignon. Wenn Sie regelmäßig diese vielen kleinen Informationen mitbekommen, vernetzt sich Ihr Wissen und bekommt eine ganz andere Struktur. Beim Gegenteil dieser Praxis besteht die Gefahr, dass Sie eine einseitige kulinarische Weltsicht bekommen. Als äußerst hilfreich betrachte ich auch immer wieder die Überprüfung der Richtigkeit von Zeitungsberichten über z.B. die besten Einkaufsadressen in Amsterdam. Überprüfen Sie einmal so etwas und machen Sie sich ein Bild darüber, ob es wirklich stimmt oder ob Sie den Eindruck haben, da ginge dem Reporter irgendwie der Gaul durch vor lauter Begeisterung. Auf dem Wege zu einer guten kulinarischen Entscheidungs- und Unterscheidungsfähigkeit sollte man auch lernen, kritisch zu lesen. Ich persönlich hatte schon vor vielen Jahren ein ganz spezielles Verhältnis zu den internationalen Gourmet-Zeitungen: Ich habe wahre Berge davon gekauft und wurde immer ganz unruhig, wenn ich das Gefühl bekam, ich hätte da irgendetwas verpasst. So muss es natürlich auch nicht sein, aber ein klein wenig von diesem offenen Interesse für alle Neuigkeiten ist für die weitere Entwicklung von großem Vorteil.

Bücher: Es geht nicht ohne, und eigentlich braucht man sehr viele

Für die Kochbücher gilt Ähnliches wie für die Zeitschriften. Es sind Unmengen von der so genannten Ratgeber-Literatur auf dem Markt, und fast alles, was Sie dort finden, ist unter strengen Gesichtspunkten mehr oder weniger sinnlos. Die Meisterköche würden das vielleicht mit Mathematikbüchern vergleichen: entweder ein Buch stimmt und erklärt die ziemlich klar feststehenden Regeln präzise, oder es stimmt nicht. Krass gesprochen versuchen viele dieser namenlosen Kochbücher Ihnen zu erzählen, 2 + 4 sei 7. Dazu kommt noch, dass – wie bei den TV-Sendungen erwähnt – ein guter Koch noch lange kein guter Pädagoge ist und man nicht selten vor einer Wand von Unklarheiten steht. Da wir in diesem Sektor – trotz einer ganzen Reihe von klaren Grundlagen – auch zwischen den Büchern der Meisterköche gewisse Unterschiede finden, ist es nicht ganz einfach, die wirklich bedeutenden Quellen herauszusuchen. Bevor ich Profi in diesem Gewerbe wurde, habe ich übrigens so gut wie nie Bücher der Ratgeber-Literatur gekauft (also z. B. „Die besten und einfachsten Frühlingsgerichte"), sondern nur sehr gute Lexika oder die Bücher von Spitzenköchen. Ich habe schnell festgestellt, dass bei den Spitzenköchen viele so genannte Grundzubereitungen zu finden und diese durchaus nicht schwierig zu realisieren sind. Im Grunde bin ich aber eher so vorgegangen, wie ich es oben im Kapitel über das Improvisieren und das Erfinden eigener Rezepte geschrieben habe. Ich habe in dieser Phase kaum jemals wirklich genau nach einem Rezept gekocht.

Brauchen wir dann aber eigentlich Kochbücher? Ja, und zwar so viele wie eben möglich, und das am besten von sehr guten Köchen. Aber – nicht um daraus jetzt bestimmte Rezepte nachzukochen, sondern lediglich zur Inspiration und um das eine oder andere technische Problem zu lösen. In meinen Augen sind Rezepte vor allem eine Anregung, mit eigenen Mitteln etwas Ähnliches zu machen, vielleicht eine besondere Kombination auszuprobieren oder darüber nachzudenken, wie man Gerichte interessant aufbaut. Wenn sie von Meistern ihres Faches sind, studiert man die Neuigkeiten und informiert sich über ungewöhnlich eingesetzte Produkte oder alternative Zubereitungsarten. Das mag jetzt für einen Anfänger ganz furchtbar und absolut jenseits des Horizontes klingen. In Wirklichkeit ist es aber halb so schlimm. Es ist eben leider so, dass in dem ganzen Vereinfachungswahn ein wenig der Blick für die Realitäten verloren geht. Selbst hervorragende Küche ist mit einfachsten Mitteln und wirklich begrenzten handwerklichen Fähigkeiten möglich (siehe auch: „Das Tomatensuppen-Beispiel" S. 13). Und genau solche Elemente finden sich auch regelmäßig bei den Meistern ihres Faches. Wer sich in diese Richtung orientiert, macht schon einmal viel richtig, weil nicht nur die technische Basis stimmt, sondern auch die geschmackliche Ästhetik der Gerichte. Wir sollten nicht vergessen, dass es nicht nur Zubereitungsarten zu lernen gibt, sondern vor allem auch den Geschmack. Und den guten Geschmack lernt man eben am besten bei den Meistern – ob im Restaurant oder aus Anregungen in den Büchern, wobei die Entscheidung über den Geschmack auch bei Rezepten aus den Meisterkochbüchern wegen der vielen möglichen Unwägbarkeiten bei Produkten und Mengenangaben letztlich immer bei Ihnen liegt. Das klingt vertrackt, regelt sich in der Realität aber ganz von selber.

Trotzdem bleibt natürlich der Bedarf nach einigen wenigen grundlegenden Werken, die in vielerlei Hinsicht ein fundiertes Grundwissen ermöglichen. Trotz diverser Schwächen im Detail sollten es dann große Kochschulen von bewährter Qualität sein, wobei seit etlichen Jahren z. B. das Buch von Anne Willan („Die große Schule des Kochens") vorbildlich ist. Sehr systematisch gehen auch Bücher für Kochlehrlinge vor, vor allem, wenn sie etwas aktualisierter sind und aus Frankreich stammen. Ich habe eine ganze Sammlung dieser professionellen Anleitungen, in denen zum Beispiel auch mögliche Fehlerquellen genannt werden. Fragen Sie in den Buchhandlungen nach so etwas, es steht meist nicht im Regal.

Die ideale Kombination für den intelligenten Koch ist die Kombination aus Meisterkochbüchern zur Inspiration und Motivation und aus den von den Fotos her oft eher etwas dröge gemachten professionellen Handbüchern. Ich habe eigentlich fast vom ersten Tag meiner Kochbemühungen an immer in dieser Weise gearbeitet. Erst haben mich die Kochbücher internationaler Meister (und die sollten Sie unbedingt in Ihre Überlegungen einbeziehen) nur fasziniert. Später dann wurden Sie eine wichtige Inspiration, und bis auf den heutigen Tag sind sie meine liebste Lektüre. Auch bei den Büchern gilt, dass Sie es am Anfang sehr schwer haben werden, die Spreu vom Weizen zu trennen. Wenn Sie aber einmal ein wenig Routine darin haben, wird sich Ihre Bibliothek langsam, aber sicher mit bleibenden Werten anfüllen. Und – wenn Sie im Buchladen sind, suchen Sie nichts Bestimmtes in den Büchern, sondern lassen Sie die Sache etwas auf sich einwirken, oder versuchen Sie, zumindest grob zu ermitteln, was in dem Buch eigentlich passiert. Eines sollte man nicht vergessen, selbst wenn es etwas teurer wird. Wenn Sie sich wirklich für Kochkunst interessieren, müssen Sie sich international orientieren. Das ist dann vielleicht noch schwieriger als im Inland, weil unter Umständen eine etwas andere Ästhetik der Bücher und etwas andere Rezepte Interessantes vorgaukeln. Auch der internationale Buchmarkt ist oft langweilig und wird dominiert von der genannten Ratgeber-Literatur – meist im Zusammenhang mit Fernsehsendungen. Ein wichtiges Argument für den Kauf internationaler Literatur ist die Tatsache, daß die deutsche Spitzenküche nur sehr wenig wirklich kreative Köche hat. Die Musik im kreativen Sektor spielt eben weitgehend im Ausland, also in Spanien, in Frankreich oder auch in den USA. Dort gibt es ganz einfach eine ganze Menge von Köchen und Küchen, die völlig anders sind als hier. Wenn Sie noch nie damit Kontakt hatten, steht Ihnen übrigens ein echtes Erweckungserlebnis bevor. Gehen Sie einmal in eines der wenigen internationalen Spezialbuchgeschäfte (wie „BuchGourmet" in Köln oder die „Librairie Gourmand" in Paris) und sehen Sie sich dort um. Es ist wirklich beeindruckend. Wichtig ist auch der Vergleich der besprochenen Medien untereinander. Für die Förderung der kulinarischen Intelligenz liefert das Fernsehen eigentlich das schlechteste Futter. Die Zeitschriften sind nicht schlecht, aber in Sachen kreativer Spitzenküche und weltweiter Orientierung nur in wenigen Ausnahmefällen gut. Den wirklichen „State of the Art" bekommen Sie nur über eine internationale Sammlung von Büchern. Schöne Ausnahmen sind natürlich Publikationen wie die spanische Zeitschrift „Apicius", die in bisher nie da gewesener Form die kreative spanische Kochszene begleitet. Gute Bücher siehe Materialsammlung II, Seite 143.

Familienleben und Kindererziehung: Lasst sie mitmachen!

Das Leben mit einem intensiven Verhältnis zum Essen funktioniert nur, wenn es wirklich auf alle Bereiche Ihres privaten Lebens durchschlagen kann. Es macht wenig Sinn, wenn Sie die Gourmandise als eine Art Hobby im Hobbykeller betreiben (so etwas gibt es…). Die Angelegenheit funktioniert nur dann, wenn in der Familie so gut wie alle anderen

Mitglieder Ihr Interesse teilen oder zumindest weitgehend tolerieren. Die Gründe liegen auf der Hand. Man muss Ihr aufwendiges Kochen „ertragen", man muss bei Ausflügen oder im Urlaub die Abstecher zu wesentlichen kulinarischen Adressen mitmachen oder Ihren einschlägigen Medienkonsum tolerieren. Was das „Interesseteilen" angeht, gibt es aber durchaus Alternativen. Es ist nicht unbedingt nötig, dass alle in der Küche mitarbeiten, es reicht völlig, dass alle gerne essen. Ich persönlich habe – nach vielen Jahren, in denen ich mit der Gourmandise nichts zu tun hatte – das Glück gehabt, dass mich meine Frau konsequent auf Kurs gebracht hat. Als ich dann eines Tages anfing, sogar das Kochen von ihr zu übernehmen, hatte sie längst mitbekommen, dass mir das sehr viel Spaß machte und ich irgendwie sehr dafür geeignet war. Sie hat sich in der Folgezeit langsam aus der aktiven Arbeit in der Küche zurückgezogen und wurde ein wunderbares „Publikum" für meine Arbeit. Als ich dann ins professionelle Lager überwechselte, wurde sie allerdings auch so etwas wie mein härtester Kritiker. Heute geht kein Rezept aus dem Haus, das sie nicht für gut befunden hat.

Das Leben mit einem intensiven Verhältnis zum Essen beginnt beim Frühstück, zieht sich durch den ganzen Tag und endet am späten Abend. Dessen sollte man sich bewusst sein. Wer einmal richtig infiziert ist, hat schon nach kurzer Zeit sehr viel damit zu tun, was vor allem im Bereich der Geldausgaben unter Umständen auch interne Widersprüche auslöst. Sie werden die Kosten für Weineinkäufe diskutieren oder auch, ob Sie selbst bei einem Kurztrip in eine Stadt Ihr Mittagessen bei einer besseren Adresse einnehmen sollen. Es wird immer wieder auffallen, dass gute Produkte ihren Preis haben und überhaupt alles rund ums Essen sehr aufwändig sein kann. Das alles findet aber nur da statt, wo sich ein intensives Verhältnis zum Essen erst entwickeln muss. In einem traditionellen, bürgerlichen bis großbürgerlichen Haushalt wird sich das Problem vielleicht nie stellen, weil man unter Umständen schon einen Tagesablauf mit einer gewissen kulinarischen Kultur hat und vielleicht auch schon immer bessere Produkte eingekauft hat. Ich kenne aber auch viele Situationen und Geschichten aus Frankreich, wo man immer wieder mit Erstaunen feststellt, welchen Stellenwert das Essen selbst für Leute hat, die offensichtlich nicht der bildungsbürgerlichen Mittelschicht angehören oder viel Geld ausgeben können. Da ist zum Beispiel die Menschenschlange, die früh morgens am Hafen von Fecamp in der Normandie steht und darauf wartet, dass frisch gefangener Hummer angeliefert wird. Die Leute sind offensichtlich völlig normale Menschen, die ganz normal einkaufen und mit ihren Hummern in den kleinen Fischerhäusern hinter der Hafenpromenade verschwinden. Von Schickimicki jedenfalls ist keine Spur zu entdecken. Wo sich das Essen seinen traditionellen Wert für das Familienleben erhalten hat, steht es also sehr viel selbstverständlicher im Mittelpunkt. Wenn wir heute über die kulinarische Intelligenz und ihrer Entwicklung reden, muss man sich in diesem Zusammenhang durchaus bewusst werden, dass es hier zum Teil um „Reparaturmaßnahmen" geht, weil wir den natürlichen Weg zu soliden kulinarischen Kenntnissen vielfach in unserer Erziehung und in unseren Familien nicht mehr gehen. Wer hat zum Beispiel noch einen Tagesablauf, bei dem vom Frühstück über das Mittagessen bis zum Abendessen alle gemeinsam am Tisch sitzen und vielleicht alle auch noch in irgendeiner Form praktisch an der Vorbereitung des Essens beteiligt sind? Mittlerweile dürfte vielen Kindern und Jugendlichen selbst das Bild von einem strukturierten häuslichen Umgang mit dem Essen verloren gegangen sein. Ich komme nun wirklich nicht aus einer Familie, die in irgendeiner Form die Gourmandise gefördert hätte. Aber ich habe eine klare Struktur mitbekommen, in der die Steigerung vom Alltag auf den Sonntag oder noch weiter auf das festtägliche Essen ganz selbstverständlich war. In einer Zeit, als ich mich politisch zu interessieren begann, saßen wir oft nach jedem Essen noch lange am Tisch und diskutierten, bis wir uns grollend trennten ... um pünktlich zum Abendessen wieder friedlich vereint aufzutauchen. Die soziale und kommunikative Funktion des Essens spielte einfach eine ganz wesentliche Rolle. Sie werden hier sicherlich zustimmen, weil Sie das entweder selber so kennen oder an anderer Stelle, ob in den Ferien oder im Freundeskreis, so kennen gelernt haben. Lässt sich so etwas mitten im Leben, ohne eine entsprechende Grundlage in der Kindheit installieren? Ja, selbstverständlich, es gibt keinerlei Gründe dafür, warum der Mensch nicht in jedem Alter mehr oder weniger plötzlich ein verstärktes Interesse an einem sehr viel entwickelteren Umgang mit dem Essen entdecken könnte. An dieser Stelle ist vielleicht einmal eine Bemerkung zu den Scherzen angebracht, die man bisweilen zu dem scheinbaren Zusammenhang von Alter und dem Besuch von Gourmetrestaurants macht. Ja, das Publikum dort ist in der Regel etwas älter, und ja, es hat nicht mehr die gleichen Hobbys wie jüngere Leute, geht nicht mehr jeden Abend „auf die Piste" und fährt auch nicht regelmäßig zum Surfen. Über den Zusammenhang mit der Gourmandise sagt das aber eher wenig. Oft haben erst etwas ältere Leute die nötigen Finanzen oder auch die nötige innere Ruhe, um sich stundenlang diszipliniert am Tisch aufzuhalten. Die Wertschätzung guten Essens und der kultivierten Szene rund um das gute Essen braucht ebenfalls längeren Vorlauf. Im engeren kulinarischen Sinne findet man keinerlei Zusammenhänge zwischen Vorliebe für gutes Essen und Alter. Es ist eben vor allem so, dass jüngere Leute oft nicht das gleiche Essen bevorzugen wie diejenigen, die im Laufe ihres Lebens ganz dezidiert bestimmte Qualitäten schätzen gelernt haben. Bevor nicht geklärt ist, ob denn jemand bestimmte Qualitäten oder Arten von Essen wirklich kennt, braucht man sich kaum über das endgültige Gewicht aller möglichen Vorlieben zu unterhalten.

Aber zurück zum Erlernen eines intensiven Verhältnisses zum Essen und einer entwickelten kulinarischen Intelligenz. Es gibt eine ganze Reihe von Untersuchungen zur Entwicklung der Essgewohnheiten von Kindern, und die Ergebnisse entsprechen so ziemlich den Klischees, die sich darüber bei uns gebildet haben. Sie mögen also bittere Sachen nicht so gerne, sie sind nur als ganz kleine Babys an allem interessiert und fangen danach an zu fimmeln, oder sie kommen einfach als Teenager nicht von ihrem kindischen Verhalten zum Essen los. Das mag so sein, wenn es seinen „automatischen" Gang geht. Die Forschung sammelt eben die Daten auf, die sie vorfindet, und befasst sich nicht damit, was möglich wäre, wenn man das nicht so laufen ließe, wie es läuft. Ich kenne aus allen Ecken und Enden Gegenbeispiele, habe also Kinder erlebt, die schon im Alter von drei oder vier Jahren mit großem Interesse alles gegessen haben, was man sich vorstellen kann. Ein Bild hat sich mir besonders eingeprägt, nämlich ein vielleicht vierjähriger Junge in einem Hotel mit Pensionsbetrieb in der Bretagne. Dort gab es jeden Abend innerhalb des Menüs auch Meeresfrüchte, also von Austern und Langustinen über die großen Krabben und Hummer bis zu verschiedenen Schnecken. Es war für mich, der ich selber früher wahrscheinlich schon angesichts eines solchen Meeresfrüchtetellers (so etwas habe ich als Kind nie gesehen) in Ohnmacht gefallen wäre, faszinierend, mit welcher Akribie und geradezu handwerklichem Geschick sich dieser kleine Junge gemeinsam mit seiner Mutter und Großmutter den Meeresfrüchten widmete. Aber es gibt auch bei uns viele Beispiele für Mechanismen, die deutlich anders ausfallen als der Durchschnitt. Immer dann, wenn Kinder in Familien der Gastronomie oder der Lebensmittelerzeugung oder sonst irgendwo, wo man etwas mit Essen zu tun hat, aufgewachsen sind, haben sie kaum Probleme mit irgendetwas. Die Biografien der meisten Spitzenköche sind übrigens in diesem Punkte sehr charakteristisch. Fast alle von ihnen stammen aus Familien, in denen es ums Essen ging, und sind oft mit sehr früher Küchenarbeit aufgewachsen. Sie haben früh viele verschiedene Produkte gegessen und haben ein gutes Verhältnis zum Essen entwickelt, wie andere laufen oder lesen lernen.

Es sieht also nicht so aus, als wenn man auf die lieben Kleinen in irgendeiner Weise besondere Rücksicht nehmen müsste, als wenn sie nicht von vorneherein mit allem zu tun haben könnten, was da kreucht und fleucht, und sich völlig natürlich auch an eine ausgeweitete Palette von Lebensmitteln gewöhnen könnten. Die Abneigung gegen dies oder das mag normal sein, aber sie ist nicht zwingend der Lauf der Dinge. Außerdem: Was heißt schon „Abneigung"? Und wogegen? Dass sie ein süßes Eis lieber mögen als schlecht gebratene Schnitzel, ist ja wohl verständlich ...

Für die Kindererziehung – sagen wir lieber: für das Hineinwachsen der Kinder in eine komplexere kulinarische Kultur – empfiehlt sich vor allem das Mitmachen und Miterleben in allergrößter Selbstverständlichkeit. Es ist längst klar, dass Kinder ausgesprochen positiv reagieren, wenn sie etwas mitmachen können und wenn sie feste Aufgaben haben. Das Wichtigste scheint mir aber die Selbstverständlichkeit zu sein. Wir brauchen hier keine staatlichen Förderprogramme und keine riesige Ratgeberliteratur, wir brauchen vor allem auch nicht die penetrante Schwarzmalerei, die sich rund ums Essen mittlerweile eingebürgert hat. Alle diese Dinge – so gut oder professionell sie auch gemeint sein mögen – haben immer einen Anteil an völlig überzogener Hysterisierung zur Folge. Zu viel Putzen ist ungesund, sagen die Ärzte immer wieder, weil sich eine Immunisierung gegen die ständigen „Angriffe" von Bakterien nur bildet, wenn man dem Körper Gelegenheit bietet, seine Abwehr zu trainieren. Im übertragenen Sinne gilt das auch ganz entschieden fürs Essen. Vielleicht würden die zunehmenden Allergien bei Kindern überhaupt keine Rolle spielen, wenn man im traditionellen Sinne „normal" aufwachsende Wesen vor sich hätte, die weder jahrelang mit Spezial-Babykost gepäppelt noch anschließend von desinteressiert werdenden Eltern dem Chaos und der Einseitigkeit von Fast Food überlassen würden. Wie könnte ein guter Alltag zur Förderung eines guten Verhältnisses zum Essen und zur Entwicklung kulinarischer Intelligenz aussehen? Die Tendenz vieler internationaler Kochbücher für Kinder ist in der Regel ein spielerischer Zugang. Man macht ab und zu einmal Kochen mit Kindern, vielleicht beim Geburtstag oder als Sonderveranstaltung in Kindergarten, Schule oder Restaurant. In diesen Fällen hoffe ich, dass die kleinen Teilnehmer ausreichend fasziniert sind, um davon einen bleibenden Effekt zu haben. Trotz dieser positiven Bemühungen eine spezielle kindgerechte Annäherung an das Kochen oder das Schmecken zu finden, scheint mir der beste Weg nach wie vor der des Alltags zu sein. Es klingt vielleicht etwas hart, aber die Beschäftigung mit den Nahrungsmitteln sollte normal werden und kein Sonderfall, sie sollte auf Selbstverständlichkeit beruhen und nicht allein als eine einmal etwas sinnvollere Art der Ablenkung. Wenn ich die diversen Erfahrungen und Berichte aus allen möglichen Bereichen zusammenfasse, besteht zum Beispiel kein Grund dafür, dass Kinder nicht in der Lage sein sollten, an der Herstellung des ganz normalen Familienessens beteiligt zu werden. Sie können am Einkauf beteiligt werden und ruhig einmal das Problem lösen müssen, welche Tomate denn nun aus dem Angebot auf dem Markt die beste ist. Warum sollten sie nicht feststellen können, dass eine angebotene Kartoffelsorte schon etwas weich, also überlagert und damit nicht mehr gut genug ist? Ist es zu schwer, beim Einkauf von Kräuterbüscheln zu erkennen, dass die Blätter schon hängen oder das Basilikum schon dunkle Flecken hat? Erklären Sie also Kindern mit wenigen Worten, was Sie suchen, und lassen Sie sie mitarbeiten. Übertragen Sie ihnen in der Küche Verantwortung für die Würze von Suppen oder dem Kartoffelpüree. Sie werden sehen, dass das rein ausführende handwerkliche Mitarbeiten bisweilen etwas schwierig ist, dass sich aber die Lage sofort ändert, wenn Sie ihnen eine eigene Aufgabe übertragen. Man kann ohne weiteres über Geschmack diskutieren und – nach minimalen Erklärungen über die Wirkungsweise bestimmter Zutaten – abschmecken und korrigieren lassen. Selbst das Braten von Fleisch sollte – unter Wahrung der nötigen Vorsichtsmaßnahmen – kein großes Problem sein, vor allem dann nicht, wenn es sich um die hausgemachten Frikadellen zum Aufbau eines hausgemachten Hamburgers handelt. Sollen wir wetten, dass der hausgemachte Hamburger bald zur Spezialität wird und – natürlich – viel besser schmeckt als der aus dem Fast-Food-Restaurant? Man sollte sicherlich die Kinder – ganz im Stile vieler pädagogischer Konzepte an anderer Stelle – ein wenig da abholen, wo sie sich gerade kulinarisch befinden. Aber es spricht alles dafür, dass über das Interesse am Material und den regelmäßigen Reflex auf den Geschmack auch ohne Probleme „neue" Produkte eingeführt werden können, die die Kinder normalerweise nicht anrühren würden. Nehmen Sie sie ernst, und die Kinder werden die Dinge rund ums Essen sehr viel ernster nehmen. Es ist gar nicht auszudenken, welch hervorragende kulinarische Erziehung und Intelligenz sich ausbilden könnte, wenn man sich einmal von allen Klischees rund um Kind und Essen befreien würde. Es gibt dann manchmal geradezu entzückende kleine Geschichten. Christian Bau, der im Jahre 2005 mit drei Michelin-Sternen zu höchsten Ehren aufgestiegene Koch aus Nennig im Saarland, erzählte mir eine schöne Geschichte von einer seiner Töchter. Die Familie war bei Alain Ducasse in Paris zum Essen, und schon beim Brot (das in Spitzenrestaurants allgemein von sehr guter Qualität ist und in mehreren Sorten angeboten wird) gab es plötzlich einen Kommentar: Das Brot hier sei viel besser als das Brot in des Vaters Restaurant. Das saß, und vor allem hatte die Kleine damals Recht und erzielte damit einen durchschlagenden Erfolg zur Optimierung des Brotangebotes im Restaurant ihres Vaters. – Eines sollte man vor allem im Auge behalten, nämlich die Orientierung des Kindes und der Jugendlichen an der positiven Qualität von Nahrungsmitteln und Essen. Die ewige Schwarzmalerei mit Lebensmittelskandalen und Gefährdungen ist jenseits jeder vernünftigen Proportion. Welches Weltbild soll denn ein Kind bekommen? Dass alles schlecht ist und mit viel Mühe vielleicht hier und da etwas Gutes zu finden ist? Oder sollte es das Bild verinnerlichen, dass es furchtbar viele schöne und interessante Dinge gibt, man aber aufpassen muss, dass man diese erhält, und dass man ab und zu mit bestimmten Dingen etwas vorsichtig sein muss? Die Entscheidung für das Gute ist immer auch eine gute Entscheidung.

Bildung/Ausbildung

Esskultur: Essen ist Kultur

Der Gebrauch des Begriffes „Esskultur" ist ein wenig merkwürdig. Würde es nicht ganz anders klingen, wenn wir „Kultur des Essens" sagen würden. Tatsächlich scheint man allgemein unter „Esskultur" mehr zu verstehen, ob jemand vielleicht grundsätzlich schöne Decken auf dem

Tisch hat und immer eine kleine Blumendekoration, ob die Esskultur immer weiter abnimmt, weil bei McDonald's mit den Fingern gegessen wird, oder ob zum Beispiel die holländische Esskultur einfach viel zu sehr von Imbissstuben bestimmt ist. Man meint jedenfalls mit diesem Begriff heute eher einen bestimmten engen Ausschnitt und nur selten die gesamte Esskultur eines Landes, die sich in allem äußert, was rund ums Essen stattfindet, also von der Agrarindustrie bis zu den Drei-Sterne-Restaurants. Auch in Formulierungen wie „In Frankreich hat die Esskultur einen ganz anderen Stellenwert als bei uns" steckt noch ein ähnliches Spartendenken, das unter anderem dazu führen kann, dass wir gar nicht sicher sind, ob wir überhaupt etwas damit zu tun haben. Aber die Esskultur ist kein eingetragener Verein, in dem die einen Mitglied sind und die anderen nicht. Grundsätzlich sollte man sich darüber klar werden, dass der Umgang mit Nahrung in jeder Form einer der wichtigsten Bestandteile der (Gesamt-)Kultur ist und dass wir alle damit zu tun haben. „Kultur" hat in diesem Zusammenhang eher eine Bedeutung wie in „abendländische Kultur", im Gegensatz zum Beispiel zur „afrikanischen Kultur". Wenn jede menschliche Tätigkeit und Hervorbringung ein Teil der Kultur ist, sind wir auch alle Teil dieser Kultur – ganz egal, ob wir etwas tun oder unterlassen.

Es gibt auch keine aktiven und keine weniger aktiven Mitglieder der Kultur, weil in dieser Sicht Handeln und Nicht-Handeln sich ganz ähnlich sind. Das sollte ich vielleicht an einem Beispiel erklären. Unser Lebensmittelkonsum ist natürlich zu einhundert Prozent dafür verantwortlich, was erzeugt und als Ware bei uns angeboten wird. Wenn also viel Rindfleisch gegessen wird, wird viel Rindfleisch erzeugt und verkauft. Wenn wenige Wachteln verkauft werden, gibt es wenige Wachtelproduzenten. Wenn wir nur einige wenige Lebensmittel und die auch noch von minderer Qualität essen, verarmt unsere Kultur in diesem Sektor und das Angebot verliert an Vielfalt und vor allem an Qualität. Wenn wir selten abends zum Essen ausgehen, gibt es weniger Restaurants, und die Innenstädte sind vielleicht nicht so belebt wie dort, wo es deutlich anders zugeht. Wer nie in ein ordentliches Restaurant geht, trägt seinen Teil dazu bei, dass die Restaurantlandschaft unter Umständen verarmt. Und wenn wir uns nun einmal vorstellen, was alles in dem Teil der Kultur, der mit Essen zu tun hat, passiert, wie viele Arbeitsplätze davon abhängen, welche Art von öffentlichem Leben mit mehr oder weniger Interesse an Essen und Gastronomie entsteht, welche interessante Art von Landschaften eine vielfältige und kleinformatige Landwirtschaft erzeugt und welche Art von Landschaften eine großindustrielle Landwirtschaft erzeugt, vielleicht auch welche Art von zwischenmenschlichen Beziehungen an einem intensiven Verhältnis zum Essen hängen können, sieht man die ganze Bedeutung unseres individuellen Verhaltens in diesem Bereich.

Das mag ja nun einleuchtend klingen und sollte ganz selbstverständlich auch so gesehen werden. Tatsächlich gibt es da aber eine große Schwierigkeit. Wir haben eine Entwicklung durchgemacht, in der unter „Kultur" meist die so genannte „Hochkultur" verstanden wird, also die Spitzenleistungen einzelner kultureller Sparten. Kultur sind danach also z. B. Oper, Ballett, Konzerte mit klassischer Musik, Kunst, Museen und ähnliche Dinge. Dieser zweite Kulturbegriff steckt tief in unseren Köpfen, und nicht nur das, er steckt auch tief in den Strukturen von Politik und dem Geld, was sie ausgibt. Man erhält sozusagen „die Kultur" am Leben, obwohl sie vielleicht durch das normale Verhalten der Bevölkerung gar nicht getragen würde. In den Genuss einer solchen Unterstützung kommt zum Beispiel die Kochkunst bisher leider nicht, weil sie von vielen Leuten in Deutschland noch nicht als ein Teil der „Hochkultur" angesehen wird (was etwa in Frankreich deutlich anders ist). Das wäre ja alles nicht so schlimm, wenn es denn gelänge, auch die „Kultur" im ersten Sinne zu fördern und an allen Ecken und Enden etwas dafür zu tun, dass alles etwas besser wird oder sich nicht weiter verschlechtert. Tatsächlich aber sieht es so aus, dass vielfach die Vorstellung der „Hochkultur" auch die Lehrpläne unserer Schulen und Hochschulen bestimmt und eben vor allem Geld für die Bereiche ausgegeben wird, die den „anerkannten" Teil der Kultur ausmachen. Dass eine breitere Streuung der Ausgaben einen sehr viel breiteren Nutzen für uns alle haben könnte, hat sich dabei noch nicht durchgesetzt.

Zu allem Überfluss hat Deutschland auch noch so etwas wie ein Spezialproblem. Die starke ökologische Bewegung, die mit einem im internationalen Vergleich überraschend großen Stimmenanteil die „Grünen" ins Parlament gebracht hat, hat einen großen Einfluss auf den gesamten Nahrungsmittelkomplex bekommen. Selbstverständlich ist die große Wachsamkeit dieser Bewegung höchst lobenswert und eine wichtige Kontrollinstanz für kommerzielle Auswüchse aller Art. Der Nachteil ist, dass sich durch die immer recht starke Konzentration auf „Lebensmittelsicherheit" im weiteren Sinne die Gewichte rund um das

Essen ungünstig verschoben haben. Im Grunde wird das Thema „Essen" in erster Linie negativ besetzt. Eine positive Stimmung für ein gutes, vielfältiges und gesundes Essen wird dagegen sehr viel seltener erzeugt – von einer Verbindung mit Begriffen wie „Genuss" ganz zu schweigen.

Die Gewinner dieser Entwicklung sind die Ernährungswissenschaftler und Ökotrophologen, für die das Essen nicht aus Genuss und wunderbar zubereiteten Delikatessen zu bestehen scheint, sondern aus technischen Werten. Etwas überspitzt formuliert wird hier der Mensch zum Auto, dessen Motor besser läuft, wenn er gut geschmiert wird und einen ordentlichen Kraftstoff bekommt. Diese einseitige und extrem kurzsichtige Gewichtsverteilung zerstört jeden positiven gesellschaftlich-kommunikativen Zusammenhang und bringt das Essen in ein Umfeld, das es in seiner gesamten Geschichte noch nie gehabt hat. Leider hat sich in den letzten Jahren diese einseitige Betrachtungsweise politisch so weit durchgesetzt, dass sie mittlerweile auch die offizielle Erziehung dominiert (siehe auch im Folgenden). Wieder treffen wir auf einen Einsatz gegen das Schlechte, aber nur auf sehr geringen Aufwand für das Gute. Auch in der ökologischen Sehweise wird der kulturelle Zusammenhang verkürzt gesehen – und mag man sich noch so sehr als Retter des Abendlandes verstehen.

Schule: Brauchen wir ein neues Fach „Kochen und Essen"?

In der Schule gibt es immer noch den Begriff der „Hauswirtschaft(slehre)", womit früher wie heute ein Fach gemeint ist, in dem der Umgang mit den häuslichen Dingen trainiert wird. Das reicht von der Organisation der Einkäufe bis zu guten Putzmitteln, von Tages- und Wochenplänen bis hin zum Essen. In früheren Jahrzehnten bestand ein großer Teil dieses Unterrichtes aus Küchenarbeit, und man konnte davon ausgehen, dass die Absolventin dieses Unterrichtes (für Jungen war das oft gar nicht vorgesehen) zumindest die diversen Grundrezepturen beherrschte. Auch die entsprechenden Schulbücher beschränkten sich auf die ganz klassischen Verrichtungen der Hausfrau, etwas anderes wurde auch nicht erwartet.

Ein typisches Element dabei war immer eines, an dessen tiefer Verwurzelung in unserem Bewusstsein wir vielleicht unbewusst heute noch leiden. Bedingt durch viele Notzeiten im letzten Jahrhundert (aber auch mit einem leicht religiösen Hintergrund), entstand das

Bild der sparsamen Hausfrau, die „gut haushalten" konnte und auch mit wenig Geld – aber einigem Erfindungsreichtum – zurechtkam. Jede über das notwendige Maß hinausgehende Essensgestaltung war in diesem Zusammenhang natürlich überhaupt kein Thema und die Beschäftigung mit gutem Essen nicht unter dem Aspekt „gut" gesehen, sondern unter Aspekten wie „überflüssig", „dekadent" oder überhaupt als irgendein völlig unnötiger Auswuchs. Diese Einschätzung ist bei uns noch immer sehr verbreitet und löst sich erst langsam auf. Die Funktion der Schule in diesem Zusammenhang ist allerdings in fast allen Fällen noch die alte – wenn auch mit etwas veränderten Schwerpunkten. Dieses Mal ist es eine ökologisch-ernährungswissenschaftliche und keine primär ökonomische Sicht, die den Menschen einengt und ihm die Entwicklung in einem der wichtigsten Bereiche der Kultur verstellt. Statt einen Kompetenzgewinn zu erzeugen, der dazu führt, dass Kinder und Jugendliche ein unmittelbares Verhältnis zu guten Produkten gewinnen, den Umgang mit ihnen lernen und sich ein Bild von guten Qualitäten verschaffen, wird ein indirekter Weg gewählt, der den ganzen Bereich verkopft und in Zahlen über Nährwert usw. umwandelt. Da gibt es dann vielleicht ein „Notfallprogramm für dicke Kinder" oder einmal im Jahr ein von den Krankenkassen unterstütztes „Gesundes Frühstück". Mit dem eminent wichtigen, jeden Tag erlebbaren sinnlichen Zugang zum Essen hat das nichts zu tun.

In Frankreich gibt es seit vielen Jahren eine „Semaine du goût", eine Woche des Geschmacks, in der in erster Linie Kinder mit der Vielfalt und Schönheit einer entwickelten Kultur des Essens vertraut gemacht werden sollen. Die Veranstaltungen dieser Woche finden mittlerweile flächendeckend im ganzen Land statt und sind absolut faszinierend. Die Kinder besuchen gute Erzeuger, Spitzenköche stehen zwischen Marktständen und kochen gemeinsam mit den Kindern, überall gibt es etwas zu probieren, und die Lehrer regen Vergleiche an. In einer bei uns wohl kaum noch vorstellbaren Offenheit schieben sich die Kleinen alles in den Mund und kommentieren oft erstaunlich fachmännisch und ohne ein ständiges „Igitt!", wie man es leider hierzulande immer wieder in den wenigen Versuchen zu ähnlichen Aktionen erlebt. – Was wäre also wünschenswert? Im Mittelpunkt des Unterrichts in diesem Sektor sollte Essen und Kochen stehen. Alle anderen Aspekte – natürlich auch die im weiteren Sinne ernährungswissenschaftlichen – sollten ihren Platz haben, stets aber auf den Kern bezogen bleiben. Ziel muss der Aufbau kulinarischer Kompetenz in den unmittelbar praktischen Bereichen des täglichen Lebens sein, weil nur so ein wirklich alternatives Handeln entstehen kann, das nicht nur für das Individuum, sondern auch für die Gesellschaft insgesamt relevant wird. Selbstverständlich kann dieses Fach kein Wahlfach mehr sein, und schon gar nicht eines, das primär für die weibliche Jugend vorgesehen ist. Den Umgang mit dem Essen in jeder Form muss man wie das Erlernen einer Sprache oder des Schreibens und des Rechnens sehen, wobei die Bedeutung dieses Faches unmittelbar im Zusammenhang mit den absoluten Grundkompetenzen diskutiert werden sollte. Die klassische Vorstellung von Bildung muss dringend in diesem Punkte erweitert werden, nicht nur weil dieser Bereich vom täglichen Leben bis zu hochkünstlerischen Leistungen alles beinhaltet. Im Grunde sollte der gesamte Sektor zu den selbstverständlichen Grundanliegen von Schule und Bildung gehören.

Bei der Einschätzung der Beschäftigung von Kindern und Jugendlichen mit der Lehre vom Essen und Kochen kann man übrigens ganz beruhigt professionellste pädagogische Kriterien anlegen. In der Pädagogik wird häufig davon geredet, welchen „Transfer-Effekt" eine Beschäftigung mit einem bestimmten Thema hat. Das bedeutet unter anderem, dass man die Fertigkeiten oder Fähigkeiten, die man in dem einen Bereich erlernt, auch auf andere Bereiche übertragen kann. Wer also bei einer Beschäftigung denken lernt, hat gute Chancen, diese Leistung auf andere Bereiche übertragen zu können. Unter diesem Aspekt ist die Beschäftigung mit dem Essen und Kochen extrem vielfältig von Nutzen, weil sie von der manuellen Tätigkeit über technisch-praktisches Verständnis bis zu systematischem Denken und vor allem der Ausbildung von Kreativität reichen kann. Im Kanon der Fächer dürfte eine intensive Beschäftigung mit dem Essen also gar nicht so schlecht dastehen, vor allem auch unter dem Aspekt, dass das Objekt unmittelbar im täglichen Leben des Schülers verankert ist.

Hochschulen und Akademien: Von Rückstand und möglichem Fortschritt

Der Bereich der Hochschulen und Akademien hat ganz ähnliche Probleme mit dem Kulturbegriff und der Gewichtung der Lehrpläne wie die Schulen; ich muss ihn vielleicht hier nicht von Grund auf nochmals diskutieren. Auf der Ebene der Hochschulen gibt es allerdings ein gravierendes, noch in keiner Weise geklärtes Grundproblem. Dabei möchte ich mich hier noch nicht einmal über den geradezu schneidenden Dunkel der klassischen Wissenschaft beschweren, für die jede Beschäftigung mit dem Essen völlig unter ihrem Niveau liegt. Hier ist im Grunde die Entwicklung längst so weit fortgeschritten, dass die meisten akademischen Veröffentlichungen zum Thema wie Rückzugsgefechte einiger Unverbesserlicher und Ewiggestriger wirken, die normalerweise kaum irgendwo wahrgenommen werden. Wenn sich in Madrid die kreativsten Köche der Welt bei der „Madrid-Fusion" treffen, um neueste Entwicklungen der Kochkunst und ihre Stellung in der modernen Welt zu diskutieren, geht das an fast allen Wissenschaftlern, die meinen, etwas mit dem Essen zu tun zu haben, völlig vorbei und überholt sie. Das Grundproblem ist, um welches Fach es denn hier eigentlich geht und was vor allem im Mittelpunkt dieses Faches steht. Alles, was es bisher an Fächern gibt, befasst sich im Grunde nur mit Detailproblemen. Die Ernährungswissenschaft konzentriert sich mehr auf den im weiteren Sinne technischen Bereich, es gibt Psychologen, Soziologen, Ethnologen und andere mehr, die jeweils Teilaspekte rund ums Essen untersucht haben. Die eigentliche Wissenschaft vom Essen, die umfassend alle Aspekte einbezieht, gibt es aber nicht. Wenn man die Sache genauer betrachtet, fällt auf, dass vor allem ein klarer Schwerpunkt fehlt, auf den sich alles bezieht und zu dem alle Detailuntersuchungen in Beziehung gesetzt werden können. Ein Vergleich mit anderen Wissenschaften ist da sehr aufschlussreich. In der Musikwissenschaft etwa steht ganz selbstverständlich zunächst das maximale Wissen um die Musik im engeren Sinne im Mittelpunkt. Wenn man sich also zum Beispiel mit einem Instrument befasst (egal ob man es erlernen will oder auch über den Einsatz dieses Instrumentes schreiben will), steht selbstverständlich das ganze Spektrum der für dieses Instrument geschriebenen Literatur im Mittelpunkt. Ebenso automatisch stehen damit natürlich die differenziertesten und besten Kompositionen im Mittelpunkt, die es für dieses Instrument gibt. Die von dieser Wissenschaft als Beispiele verwendeten Musikstücke und die von ihr als besonders hochwertig betrachteten Musikstücke werden immer in Verbindung mit ihren Schöpfern gesehen, und die Qualitätsmaßstäbe leiten sich fast vollständig davon ab. Große Werke der Tonkunst stehen nach wie vor im Mittelpunkt des Musikunterrichts, und es gibt kaum jemals einen Zweifel, was Qualität ist (zumindest im Vergleich zu schwächeren Werken). Für modernere

Die Förderung der kulinarischen Intelligenz

Formen der Musik hat man diverse parallele Systeme, also etwa die Forschungen zum Jazz oder auch der Popmusik, bei der ebenfalls von Anfang an die Werke der Besten im Mittelpunkt standen. Beim Essen geht man diesen Weg nicht – oder besser gesagt – noch nicht, obwohl er eigentlich ganz selbstverständlich so oder ähnlich aussehen könnte. Statt die Werke unserer Spitzenköche in den Mittelpunkt der Vorstellungen zu stellen und zu erkennen, dass sich dort in jeder Beziehung das meiste Wissen über die Produkte, die meisten Kenntnisse über ihre Zubereitung und die perfektesten und kreativsten Kreationen finden, sieht man die Spitzenküche immer noch als eine Art Sonderform und verknüpft sie – ganz im uralten, fast klassenkämpferischen Stil – mit Luxuskonsum. Dazu misst man ohne jede Scham mit zweierlei Maß. Klassische Konzerte sind meist subventioniert und dennoch mittlerweile in der Spitze mindestens so teuer wie ein gutes, mehrgängiges Menü in den besten Restaurants der Welt. Es ist dieser merkwürdige kulturelle Dünkel, die Missachtung der Kochkunst aus gravierender Unkenntnis heraus, die dazu führt, dass die Einrichtung einer ganz normal und differenziert arbeitenden Wissenschaft vom Essen (ein sinnvoller Name existiert im Prinzip auch noch nicht) blockiert wird. Ein wichtiges Detail, das im Hintergrund eine sehr große Rolle spielt, ist die Frage, ob denn ein kulinarisches Werk überhaupt eine der Musik oder der Kunst vergleichbare Substanz hat. Aus meiner Sicht stellt sich diese Frage vor lauter Selbstverständlichkeit erst gar nicht, aber viele Wissenschaftler und „Kulturträger" in unserer Gesellschaft haben einfach die Entwicklung völlig verschlafen und stehen nun im Prinzip unwissend vor einem Berg von Dingen, die sie nicht kennen und verstehen. In solchen Fällen ist leider oft nicht mit Einsicht zu rechnen, weil zur Einsicht dazugehören würde, dass man Fehleinschätzungen korrigiert. Heute kann man ohne weiteres sagen, dass jeder intellektuelle Dünkel gegenüber der Kochkunst sich aus einer gravierenden Unkenntnis nährt.

Interessant ist es, wenn man einmal durchspielt, wie eine solche Wissenschaft vom Essen im Vergleich zu anderen Wissenschaften strukturiert sein könnte. Es ist verblüffend zu sehen, dass sich alles ganz wunderbar zusammenfügt, wenn man nur zulässt, dass im Mittelpunkt die entwickelte Kochkunst steht. Da kann es eine „Kulinarische Volkskunde" geben (wie die „Musikalische Volkskunde"), Interpretationen des kulinarischen Werkes auf gleichem Niveau wie die von Kunst oder Musik (auch wenn sich das kaum jemand bisher so richtig vorstellen kann),

Psychologie, Soziologie, Philosophie oder Pädagogik haben ebenso selbstverständlich ihren Sektor zu bearbeiten wie die eher technisch orientierten Fächer wie Lebensmittelkunde oder die Lebensmittelsicherheit. In allen Teilfächern lässt sich die qualitative Substanz der hochentwickelten Kunstformen ebenso problemlos als Maßstab verwenden, wie dies bei Kunst und Musik der Fall ist. Wir brauchen das hier nicht weiter zu vertiefen, sollten aber zu dem Schluss kommen, dass eine entwickelte kulinarische Intelligenz, die die kulinarischen Fragen als so komplex erkennen kann, wie sie sind, nach einer Wissenschaft vom Essen ruft, die gleichermaßen den Rang des Essens in der Gesellschaft reflektiert, die Substanz des kulinarischen Erlebens ernst nimmt und den Werkcharakter der kulinarischen Kreation von Rang erkennt.

Was in einem solchen Falle auf uns zukommen könnte, ist allerdings für heutige Verhältnisse noch für viele eine ziemlich ungeheuerliche Vorstellung. Ich nenne nur einmal ein Detail: Es könnte und müsste echte Hochschulen für Köche geben (vergleichbar den Musikhochschulen und der Ausbildung als Musiker), die weit über das hinausgehen, was wir bisher kennen. Auch heute gibt es allerlei Fachschulen und Akademien, die allerdings mehr oder weniger nur der leicht verlängerte Arm der ganz normalen Berufsausbildung sind. Eine wesentlich stärker künstlerisch-kreativ ausgerichtete Küche könnte jedenfalls (und wird das auch meiner festen Überzeugung nach) einen Typus von Koch und Restaurant hervorbringen, der sich wesentlich stärker als bisher um den künstlerischen Charakter von kulinarischen Kreationen kümmert. Wagen wir einmal einen spekulativen Blick in die Zukunft. Wir haben doch sehr viele Stadttheater und kulturelle Einrichtungen der öffentlichen Hand. Kann man sich wirklich nicht eines Tages ein städtisches Spitzenrestaurant vorstellen, in dem – zu subventionierten Preisen, den Konzerten ganz ähnlich – ein hervorragender Koch ohne allzu viel kommerzielle Zwänge arbeiten kann?

Ich habe darüber schon einmal in der FAZ geschrieben und sehr unterschiedliche Reaktionen erlebt. Diejenigen, die Schwierigkeiten damit haben, kulinarische Spitzenleistungen als Kunst anzusehen, haben sich natürlich beschwert. Die Köche andererseits fanden den Einfall durchweg ganz selbstverständlich interessant und konnten sich ohne weiteres vorstellen, unter solchen Umständen (die ja nicht anders sind als etwa die Arbeit der vielen Leute, die an einem Theater arbeiten) einmal zu kochen, also Gastspiele zu geben, wie manche Dirigenten ein Gastdirigat annehmen. Die Kochkunst ist auf dem Weg, endlich als wichtige kulturelle Leistung erkannt zu werden, die eine feste Bedeutung auch für das Alltagsleben hat und in ihrer Wirkung und Komplexität vergleichbaren Künsten in nichts nachsteht. Das haben viele noch nicht entdeckt, und deshalb haben wir noch große Probleme, sie in unserem Bildungssystem adäquat zu verankern.

Anmerkungen zur Kochausbildung

Zu diesem Punkt habe ich weiter vorne im Kapitel über die kulinarische Intelligenz der Spitzenköche schon einige Dinge angemerkt, so dass ich mich hier auf einige Ergänzungen beschränken kann. Bei der Einschätzung der Kochausbildung gibt es auch und gerade unter den Köchen selber erhebliche Unterschiede. Im Kern steht ein sehr traditionelles, stark handwerklich geprägtes Verständnis, mit dem man sich strikt dagegen wehrt, etwas anderes als möglichst küchennahe Ausbildung zu betreiben. Ich erinnere mich an Diskussionen rund um das „Culinary Institute of America" (CIA), in dem unter anderem mit internationalen Gastdozenten ein besonders hohes Ausbildungsniveau angestrebt wird. Obwohl das CIA eigentlich auch eher normal ausbildet, war schon die Vorstellung, dass an einer Schule kochen gelehrt wird, für viele traditionell orientierte Köche zu viel. In ihren Augen steht der Lehrling am Herd und sonst nichts, höchstens unterbrochen von etwas Berufsschule zwischendurch. Schon an diesem Punkt überschätzen sich viele Küchenmeister ganz erheblich.

Eine solide Ausbildung ist die eine Sache, ein wirklich bemerkenswertes Niveau eine ganz andere. Außerdem setzt eine solche Ausbildung nicht genug auf die Entwicklung kulinarischer Intelligenz, weil sie weder für Zusammenhänge kulinarischer Art noch für die kulinarische Kultur jenseits des Restaurantherdes Zeit findet. Das Ergebnis einer solchen Ausbildung sind Köche, die mehr oder weniger das kochen können, was schon immer gekocht wurde. Ich will hier aber natürlich nicht die hervorragend ausgearbeiteten Prinzipien der klassischen Kochkunst angreifen, sondern nur eine Haltung, die sie in völlig unkritischer Form absolut setzt. Man kann schließlich nicht übersehen, dass mit einem ausschließlich klassisch orientierten Kanon an Kochtechniken ohne Not ein mehr oder weniger ähnliches Geschmacksbild bei sehr vielen Köchen entsteht – zumindest so lange, wie sie sich an diese Regeln halten. Wenn man dann sieht, wie hart der Kochberuf meist ist und wie wenig Zeit zum Nachdenken und Ausprobieren ein Koch in der Regel hat, wird verständlich, warum teilweise so überaus wenig Kreatives sichtbar wird.

Würde man andererseits systematisch lehren und lernen, hieße das, dass man die jeweiligen Prinzipien lernt und gezielt auch daran arbeitet, Varianten zu entwickeln und die Wirkung von abweichenden Techniken zu erkunden. Natürlich sind Fonds auch mit anderen Gemüsen und anderen Gewürzen möglich, und zwar sehr wohl auch in einer hoch entwickelten Form, die dem klassischen Fond in nichts nachsteht. Ein ganz eklatantes Beispiel für die Begrenztheit der auswendig gelernten Klassik ist auch die Verwendung von Gewürzen. Obwohl auch die klassische Kochkunst eine ganze Reihe von Gewürzen verwendet, die auch nicht gerade vor unserer Haustür wachsen, gilt die Verwendung seltenerer Gewürze bei vielen Köchen der klassischen Schule schon wieder als Verstoß gegen die Regeln des Faches. Dass der Einsatz von Pfeffer, Muskat und Lorbeer vielleicht nur durch bestimmte historische Zusammenhänge zustande kam und durchaus nicht allein aus kulinarischen Überlegungen, scheint bei dieser Kritik nicht zu interessieren. Das systematische Lernen kulinarischer Zusammenhänge ohne stilistische Scheuklappen würde in einer ganz bemerkenswerten Weise die Entwicklung einer wirklichen kulinarischen Intelligenz fördern. Die Meisterköche klagen heute oft schon darüber, dass sie Personal haben, das oft ohne jegliche kulinarische Bildung ist. Jean Claude Bourgueil, französischer Drei-Sterne-Koch im Restaurant „Im Schiffchen" in Düsseldorf, erzählte mir einmal völlig ungläubig, dass ihn einer seiner Lehrlinge danach gefragt habe, wann denn früher, als man noch keine Importe kannte, eigentlich die Saison für Erdbeeren gewesen wäre ...

Zur Förderung der kulinarischen Intelligenz gehört unbedingt ein System von Fortbildungen mit einer deutlich vertiefenden und aktuellen Orientierung. Vielleicht sollten dabei auch die Köche einmal nicht kochen, sondern nachdenken, um ein Bewusstsein für die überaus vielfältigen Entwicklungen der Gastronomie und der Kochkunst zu bekommen. Vielleicht sollten sie Hilfen bekommen, um sich in ihren eigenen Restaurants besser zu profilieren oder als Träger eines wichtigen Teils der Kultur besser zu artikulieren. Viele Köche sehen es nicht ungern, wenn sie stärker als bisher als Teil der (Hoch-)Kultur wahrgenommen werden. Zu einer intensiveren Mitwirkung daran und zur Übernahme einer entsprechenden Verantwortung sind sie allerdings meist nicht bereit.

Die Förderung der kulinarischen Intelligenz

Die Kochausbildung braucht eine Öffnung und Erweiterung hin zu systematischem Lernen und zur Entwicklung genuin kulinarischer Intelligenz. Sie braucht aber auch die Verstärkung von Diskussion und Weiterbildung bis hin zur Etablierung kreativer „Kaderschmieden", die einen Beitrag zur Entwicklung neuer Impulse geben können. Nur so wird sie der enorm wichtigen Rolle, die sie in der Gesellschaft spielt, gerecht und kann sie zum Wohle und zur Freude aller füllen.

Materialsammlung I: Vorratshaltung

Hier nun eine Vorschlagsliste für Material, das Sie zu Hause gut gebrauchen können, falls Sie Ihre Küche stärker auf eine Küche mit tagesfrischen Produkten umstellen wollen, die Sie spontan kaufen und dann mit Ihren Vorräten weiterverarbeiten. Damit auch schon fortgeschrittenere Privatköche etwas davon haben, steht jeweils in Klammern eine Ergänzung von spezielleren Produkten, die eine noch subtilere Arbeit möglich machen:

Salz, feines Meersalz, grobes Meersalz (Fleur de Sel aus Frankreich und Portugal/Algarve, Maldon Sea Salt)
Das Salz hat in den letzten Jahren eine ziemliche Karriere gemacht. Während es bei vielen Leuten immer noch automatisch in größeren Mengen und oft ziemlich schwungvoll in jedem Essen landet, haben vor allem die Spitzenköche erkannt, dass man mit einem fein dosierten Spitzensalz ganz hervorragende Würzungen erzielen kann. Diese in der Regel etwas grobkörnigeren Salze gibt man spät auf das Essen, also zum Beispiel auf ein Rinderfilet oder selbst auf Kartoffeln, die man kurz in Butter gewendet hat.

Pfeffer, weißer und schwarzer Pfeffer in der Mühle und als lose Körner (langer Pfeffer, rosa Pfeffer, Kubeben, Szechouan-Pfeffer)
Was oben für die „Karriere" von Salz steht, gilt auch für den Pfeffer. Der ständige, weltweite Informationsfluss in kulinarischen Dingen hat dafür gesorgt, dass wir heute eine große Anzahl von verschiedenen Pfeffern kennen. Wenn man sie richtig einsetzt – die Körner also kurz in einer Teflon-Pfanne erhitzt, bis sie beginnen, Duft abzugeben, und sie dann mit einem Mörser oder der flachen Seite eines großen Messers zerdrückt –, sind sie eine erhebliche Bereicherung des Essens und können wahre Wunder an Aroma produzieren. Speziell

der lange Pfeffer oder auch der Kubeben-Pfeffer haben ein ganz wundervolles Aroma, das durch ihre ätherischen Öle bestimmt wird und sehr frisch wirkt. Allgemein muss man noch darauf hinweisen, dass es natürlich auch von „einfachem" Pfeffer qualitativ sehr unterschiedliche Sorten gibt. Das mittlerweile sehr standardisierte Angebot in Supermärkten ist nicht grundsätzlich von hoher Qualität, sondern bestenfalls durchschnittlich.

Gewürze, Currypulver, Ingwerpulver, Zimt, Wacholder, Nelken, Piment, Koriander, (Gewürzmischungen von Spitzenköchen, wie zum Beispiel Olivier Roellinger, Michel Bras oder Ingo Holland)
Die Gewürze sind ein Fass ohne Boden, aber eben eines der effektivsten Mittel zur Belebung des Geschmacks. Neben den wichtigen Standards kann man eigentlich in seiner Sammlung haben, was man will, es ist immer nützlich. Ich selber habe eine extrem große Sammlung von Gewürzen und bin immer wieder überrascht, was ich dennoch regelmäßig an Neuem finden kann. Neben den Einzelgewürzen gibt es mittlerweile von verschiedenen Spitzenköchen hervorragende Mischungen, die tatsächlich in der Lage sind, Ihr Reisgericht, Ihre Suppen oder auch Ihr Fleisch in eine erstaunliche Delikatesse zu verwandeln – ohne dass Sie dazu besser kochen können müssen. Bei den Einkaufsquellen sieht es leider nicht so besonders gut aus. Der Standardisierung sind leider viele Gewürze zum Opfer gefallen. Es gibt auch nur wenige echte Spezialisten, so dass mittlerweile die Asia-Läden fast ein Monopol für eine ausgeweitete Gewürzpalette haben. Man sollte allerdings bei der Qualität der Asia-Läden immer beachten, dass sie auf uns exotisch und originell wirken, in ihrer Qualität aber meist ganz normale Läden sind, die in ihrer Heimat überhaupt nicht auffallen würden. Besser sind Spezialläden wie zum Beispiel das „Alte Gewürzamt" in Klingenberg am Main.

Milch, haltbare Milch, frische Milch (Rohmilch)
Über die Milch braucht man wohl kaum etwas zu sagen. Es geht hier mehr um die Erweiterung bis hin zur Rohmilch. Die Rohmilch kann mit ihrem kompletten Rahm und ihrem erheblich komplexeren Geschmack eine sehr wichtige Rolle im Dessertbereich oder bei verschiedenen Mixgetränken spielen. Vor einiger Zeit habe ich in einem Spitzenrestaurant auch einmal Schäume von Milch, Schmand und sogar Gelees bekommen. Die Verwendung von Milch selbst in kreativen Küchen ist bei weitem noch nicht ausgereift. Sie kann übrigens ohne weiteres auch Sahne ersetzen (z.B. in Saucen), wenn man nicht mit einem so hohen Fettgehalt arbeiten will.

Materialsammlung I

Kräuter, frischer Rosmarin, Thymian, Lavendel, Minze, getrocknete
Kräuter (Liebstöckel, Weinraute, Fenchel, Ysop)
*Bei den Kräutern ist es verhältnismäßig egal, was Sie davon im Hause oder
im Garten oder auf dem Balkon haben. Wichtig ist nur, dass Sie – wie bei den
Gewürzen – immer einen kleinen Vorrat besitzen. Die frischen Kräuter mögen
auf den ersten Blick die wichtigeren sein. Das stimmt sicherlich, vor allem
wenn man ein Freund von Basilikum oder Rukola ist. Aber es geht ja nicht
nur darum, Salate mit frischen Kräutern zu veredeln, sondern auch um den
Einsatz zum Beispiel beim Braten oder in Infusionen. In Saucen, Suppen oder
anderen Flüssigkeiten sind auch und gerade getrocknete Kräuter höchst praktisch zu verwenden, weil sie (siehe unser Tomatensuppen-Beispiel) sehr gut zu
kontrollieren sind. Wie bei den Gewürzen gibt es hier eine Art Standard-Aus-
wahl, die Sie in jedem Supermarkt finden, also zum Beispiel provenzalische
Kräuter, Dill, Estragon (der frisch in unseren Landen nur selten wirklich gut
ist) oder Basilikum. Ich möchte für Spezialisten einmal den Einsatz der vielen
Kräuter empfehlen, die in Bio-Läden oder Reformhäusern zu finden sind. Sie
werden dort ganz erstaunliche Dinge entdecken, unter anderem auch getrocknete Blüten, die aromatisch und optisch ganz hervorragend einzusetzen sind.*

Mehl (Buchweizenmehl, Roggenmehl u.a.m.)
*Ein Mehlvorrat ist nicht nur etwas für Leute, die Kuchen backen oder mit dem
Mehl Saucen eindicken wollen (etwa mit einer „Mehlbutter", einer Butter,
die man mit etwas Mehl vermischt, abkühlt und damit dann Saucen bindet).
Ich backe immer meine eigenen Brötchen, die ein wenig wie die englischen
„Scones" aussehen. Dabei variiere ich je nach geplanter Verwendung das Mehl.
Manchmal backe ich kleine Küchlein daraus und vermische den Teig mit
Gewürzen oder verwende ihn – dünn ausgewalzt – mit einer Füllung für
gebackene Rollen, von denen ich dann Scheiben abschneide. Das Buchweizen-
mehl benutze ich für Crêpes, die man mit unterschiedlichen Aufstrichen und
Füllungen für viele Verwendungen gebrauchen kann. Nicht zu vergessen ist
hier natürlich selbst gemachte Pasta, wobei die zusätzliche oder ausschließliche
Verwendung von Hartweizengrieß nicht unbedingt notwendig ist.*

Reis, Naturreis (schwarzer Wildreis, Risottoreis, Basmati-Reis, Sushi-Reis
plus Gewürzmischung für Sushi-Reis)
*Beim Reis empfiehlt sich eigentlich von vornherein der Besitz von mehreren
Sorten. Den normalen Milchreis braucht man dabei eigentlich so gut wie nie,
außerdem kann er in so gut wie allen Funktionen von anderen Reissorten*

ersetzt werden. Ein Risotto kann man übrigens auch mit jedem anderen Reis machen, genauso wie man den Risotto-Reis ebenfalls für fast alle Verwendungen einsetzen kann. Das klare Parfüm des Basmati-Reises (ich bevorzuge die Sorte „Tilda") wirkt nicht nur in asiatischen Zusammenhängen gut. Der schwarze Wildreis ist zwar normalerweise recht teuer, schmeckt dafür aber besonders exquisit. Es gibt übrigens Unmengen von Reissorten, die jeweils ein klein wenig im Geschmack von den genannten Sorten differieren und jederzeit einen Versuch wert sind.

Pilze, frische Champignons (getrocknete Pilze wie Morcheln, Steinpilze, Pfifferlinge, Steinpilzpulver)
Die frischen Champignons habe ich fast immer im Haus, weil sie ausgesprochen vielfältig einzusetzen sind. Mit den Trockenpilzen hat man oft ein ganz ausgezeichnetes Produkt. Die getrockneten Morcheln gelten als quasi genauso gut wie frische, sind aber meist noch wesentlich aromatischer und vor allem einfacher zu handhaben. Das gilt im Prinzip für andere Trockenpilze auch. Das Steinpilzpulver ist zwar bei Spitzenköchen mittlerweile etwas verpönt (weil der eine oder andere damit etwas häufig gearbeitet hat), kann aber in der häuslichen Küche sehr gute Dienste tun. Wenn Sie zum Beispiel Ihre Champignons mit Steinpilzpulver behandeln, werden Sie sich wundern, welch enormer Pilzgeschmack sich da plötzlich entwickelt. Aber damit verrate ich einen der Tricks, die man im Moment zwar in der Spitzenküche kaum noch findet, dafür in der gutbürgerlichen Küche sehr häufig.

Brühwürfel/Fonds, Brühwürfel für Hühnerbrühe, Rinderbrühe, Gemüsebrühe (Fonds aus dem Glas in allen möglichen Geschmacksrichtungen)
Ob Sauce oder Suppe: Ohne Fonds wird man kaum einen nennenswerten Geschmack erzielen, zumindest nicht im klassischen Sinn. Insgesamt gibt es bei den meisten Brühwürfeln und Fonds ein kleines Problem: Sie sind oft unter Einsatz von Geschmacksverstärkern hergestellt und haben das entsprechend dumpf-würzige Aroma, das für Glutamat kennzeichnend ist. Es gibt mittlerweile aber Produkte, die auf diese Geschmacksverstärker verzichten.

Materialsammlung I

Essig, Weißweinessig, Rotweinessig, Sherry-Essig, einfacher Balsamico (ältere Balsamico-Essige, Vin-Santo-Essig, Balsam-Essig von Ahornsirup)

Man hat sich lange Zeit damit aufgehalten, dass Essig eigentlich nur bei einer Vinaigrette zum Salat oder in einigen Beizen (z.b. für den Sauerbraten) vorkommt. Dann entwickelte sich die Vorliebe für die italienische Küche und automatisch eine wesentlich vielfältigere Verwendung von Essig – vor allem der Balsamessige, die bei verschiedenen Gerichten glatt die Sauce ersetzen. Aber die Essige werden ganz allgemein noch stark in ihrer Nützlichkeit unterschätzt. Speziell die etwas besseren und originelleren Sorten können fast in jedem Gericht – und sei es tröpfchenweise – verwendet werden. Ein Kräutersalat zum Beispiel mit dem Balsam-Essig von Ahornsirup wird mit wenigen Handgriffen zu einer Delikatesse. Oder: Säuern Sie einmal Ihr Kartoffelpüree mit etwas Essig! Als Produktlinie für Spezialisten möchte ich hier die Essige der Wiener Essigmanufaktur Gegenbauer nennen.

Öl, Traubenkernöl, Sonnenblumenöl, Olivenöl (spezielle Öle von Nussölen über verschiedene Sorten von Olivenölen bis zum Arganienöl)

Die Öle haben ihre Bedeutung vom Braten über die diversen Salate bis zu Saucen und Mayonnaise. Zum Braten ist das eher neutral schmeckende Traubenkernöl sehr gut geeignet, Mayonnaisen und neutralere Salatsaucen (oder solche, in denen vor allem der Essig eine Hauptrolle spielen soll) macht man gut mit Sonnenblumenöl. Olivenöl wird im mediterranen Bereich ausschließlich benutzt und kann durchaus auch bei uns in viel mehr Verwendungen eingesetzt werden, als das normalerweise der Fall ist. Ich backe selbst meine Brötchen mit Olivenöl. Die hohe Schule beginnt mit den Spezialölen, wobei sich aber unterschiedliche Sorten Olivenöl eigentlich immer lohnen. Es gibt sehr fruchtige aus der Toskana, milde und eher nussig schmeckende aus Ligurien oder auch solche, die intensiv nach reifen Oliven schmecken (z.B. das von Cornille aus der Provence). Das extrem spezielle Arganienöl schafft schon bei sparsamstem Gebrauch eine völlig neue Geschmackswelt (und ist ziemlich teuer).

Sojasauce, Kikkoman-Sojasauce (Sojasaucen spezieller japanischer Brauereien)

Maggi hat seine Wirkung zu einem großen Teil von dem Anteil an Sojasauce. Für alle asiatischen Zubereitungen ist sie ein Muss (neben Sesamöl, braunem Reisessig und „Mirin", einem Reiswein). Aber man kann noch sehr viel mehr mit Sojasauce anstellen, wenn man sie dezent als Würzmittel für Saucen, zum Einreiben von Fleisch vor dem Braten oder zum Marinieren usw. benutzt. Die speziellen Sorten sind in ihrer Qualität noch einmal erheblich besser als das Standardprodukt von Kikkoman – allerdings sehr schlecht zu bekommen und nicht eben billig.

Honig, nicht unbedingt „neutrale" Sorten, sondern Akazienhonig oder Kastanienhonig oder Lavendelhonig usw. (Buchweizenhonig)
Honig beim normalen Essen? Ja, und zwar durchaus häufiger, als man es für möglich hält. Honig kann eine dezente Abrundung der Würze bringen, die man gar nicht als wirklich „süß" empfindet. Wenn Sie Ihre Tomatensaucen zum Beispiel mit Kastanienhonig oder dem Buchweizenhonig behandeln, bekommen sie eine ganz spezielle Note, die bei richtiger Dosierung hervorragend wirkt. Überpinseln Sie einmal Hühnerfleisch mit etwas Honig oder benutzen Sie den Honig als Element beim Dünsten von Zwiebeln. Eine leicht süß-saure Abrundung des Geschmacks wirkt oft sehr speziell.

Bonito-Flocken

Eigentlich sind die Bonito-Flocken (Thunfisch) ein Massenprodukt, das die Japaner in ihre Suppen oder Fonds (Dashi) geben. Wenn die Dosierung stimmt, sind auch die Bonito-Flocken ein universelles Würzmittel, und zwar nicht nur für asiatische Gerichte, sondern auch für andere Suppen und Saucen.

Algen, die Sorte ist fast egal, vier bis fünf Sorten sind am besten
Für die Algen gelten ähnliche Bemerkungen wie für die Kräuter. Auch ihr Einsatz ist bei uns überhaupt noch nicht richtig genutzt und kann sich auf wesentlich mehr erstrecken als auf die Infusion in Suppen oder als Element von Salaten. Die subtile Würzung in der Küche entsteht erst dann, wenn man es schafft, mit vielen kleinen Elementen hier eine interessante Note und dort eine interessante Note zu realisieren. Wichtig ist dabei, dass die Abweichungen zum „Normalen" nicht so groß werden, weil das dann unter Umständen plakativ und unausgewogen wirken kann. Der Mensch empfindet Abweichungen dann als perfekt und interessant, wenn er noch eine ihm bekannte Grundlage verspürt, aber zusätzlich die kreative Abweichung schätzen und akzeptieren kann.

Materialsammlung I

Tomaten, Dose, Tomatenmark, (Püree von getrockneten Tomaten, Passato)
Die Tomaten sind mittlerweile wohl für einen Großteil der Menschen ein absolutes Grundnahrungsmittel geworden. Es ist schon häufig darauf hingewiesen worden, dass eine ordentliche italienische Dosentomate den frischen Tomaten in unseren Landen oft überlegen ist. Besonders empfehlen möchte ich das „Passato", also pürierte und passierte Tomaten, die mit wenigen Handgriffen eine gute Sauce ergeben können. Das Tomatenmark sorgt für Verstärkung, ebenso wie das bei uns kaum bekannte Püree von getrockneten Tomaten. Mit seiner herben, etwas „getreidigen" Note ergibt sich ein wundervoller, sehr authentisch-mediterraner Geschmack, der ein klein wenig herber ausfällt, als wir es von allzu viel Tomatenketchup oder den (holländischen) Gewürzketchups gewohnt sind.

Geräucherter Speck
Gemeint ist hier ein eher mild geräucherter Bauchspeck. Auch wenn man heute dazu neigt, so etwas wie „Speck" überhaupt nicht mehr zu erwähnen, ist ein geräucherter Bauchspeck nicht nur eine der besten traditionellen Zutaten, sondern auch heute noch von sehr großem Nutzen.

Sie können ihn in Würfel schneiden und kurz anrösten, um damit einen Salat zu veredeln oder eine Sauce anzureichern. Sie können buchstäblich alles (inklusive Fisch!) damit anbraten und werden in jeder Form der Infusion (s. o.) damit Ihre Freude haben. Es ist dabei durchaus nicht so, dass das Ergebnis „speckig" oder „fettig" schmeckt. Der geräucherte Bauchspeck liefert normalerweise einen sehr schön abgestimmten Hintergrund und würzt zum Beispiel auch Flüssigkeiten. Wenn Sie eine einfachere Tomatensuppe nehmen und darin eine gute Scheibe Speck „baden", werden Sie sich wundern, wie viel Tiefe und Aroma die Suppe bekommt. Ich habe schon in diversen, etwas moderner orientierten Restaurants „Speckeis" bekommen. Auch das war nicht schlecht.

Sahne (Crème fraîche, Crème double, französische Crème fraîche)
Sahne gehört zur Küche in unseren Breitengraden fest dazu. Wenn Sie nicht nur an Kaffee und Kuchen oder an Sahnesaucen denken, wird die Sache allerdings noch viel interessanter. Sie können Sahne zum Beispiel auch mit herzhafteren Flüssigkeiten oder Cremes vermengen und aufschlagen (Ketchup, Ingwersirup, etwas Fond, Senf usw.). Eine solche Sahne als Zutat zu „herzhaften" Gerichten ist eine sensorisch ganz spezielle Sache. Die im Mund schmelzende Sahne gibt einen sehr schönen Effekt. Die französischen Crème-fraîche-Qua-

litäten haben oft einen erheblich höheren Fettgehalt als die deutschen und funktionieren zur Bindung von Saucen deutlich besser.

Butter, ungesalzene Butter, mild gesalzene Butter (Rohmilchbutter, Butter mit eingearbeitetem groben Meersalz)
Einer der häufigsten Fehler beim Kochen ist die Verwendung von gesalzener Butter. Niemand denkt daran, dass der Salzgehalt der Butter unter Umständen eine viel zu starke Würzkraft ergibt. Zum Braten und für Saucen gehört ausschließlich ungesalzene Butter in die Küche. Nur auf diese Weise haben Sie den Salzgehalt unter Kontrolle. Die Rohmilchbutter schmeckt einfach viel komplexer und voller. Eine Sonderform ist die in Frankreich häufig zu findende Butter mit Meersalzstückchen darin. Diese Butter eignet sich ganz besonders gut in Verbindung mit einem guten Brot zu verschiedenen Gerichten, aber auch zum normalen Butterbrot. Versuchen Sie dann einmal die Kombination aus dieser Meersalzbutter und Marmelade!

Zitronen
Zitronen gehören zur absoluten Grundausstattung der Küche, und das oft in einer ähnlichen Funktion wie die Essige. Ein Spritzer Zitrone in allen möglichen Gerichten (inklusive zum Beispiel von Fruchtzubereitungen beim Dessert) wirkt hervorragend, weil das aromatische Spektrum kaum merklich breiter wird. Achten Sie beim Kauf unbedingt auf grüne Stielansätze. Sie signalisieren eine gute Frische.

Parmesan
„Selbstverständlich", werden Sie sagen und vielleicht an die Tütchen mit gemahlenem Parmesan denken. Ich möchte Ihre Aufmerksamkeit hier aber auf ein Stück recht alten Parmesans (der Käse darf gerne zwei Jahre oder älter sein) lenken. Wenn man davon mit einem Käsehobel (ich nehme einen Trüffelhobel) Späne abschabt, hat man ein phantastisches Würzmittel für die etwas herbere Küche (und nicht nur für Ihre Pastagerichte).

Kombinieren Sie diese Späne ruhig einmal mit in Butter gedünstetem grünem Spargel oder überhaupt mit Gemüse, aber auch mit Stücken Hühnerbrust. Falls Sie das nicht kennen, haben Sie ein weiteres Mittel in der Hand, mit dem man ohne Kochkenntnisse sehr interessante Aromen kombinieren kann.

Materialsammlung I

Kartoffeln

Es ist kaum seriös, eine Empfehlung für eine bestimmte Kartoffelsorte zu geben – auch nicht für die Trennung zwischen „vorwiegend festkochend" oder „mehlig". Sie werden herausfinden, dass es keine wirklichen Regeln gibt und immer wieder Ausnahmen existieren.

Ich bevorzuge für „normale" Verwendungen die Sorte „Charlotte", ansonsten vor allem „La Ratte" aus Frankreich (die angeblich gleichen „Bamberger Hörnchen" wachsen offensichtlich nicht auf den gleichen Böden und fallen meist ganz anders aus). Aber auch diese Sorten sind nicht wirklich garantiert gut, sondern nur dann, wenn sie von einem guten Erzeuger kommen und gut gelagert waren. Es ist also etwas schwierig mit den Kartoffeln. Am besten suchen Sie sich einen guten Erzeuger und eine Sorte, die möglichst eindeutig und klar „nach Kartoffel" schmeckt. Wenn Sie das haben, ist schon viel gewonnen.

Ingwer, frischer Ingwer (in Sirup eingelegte Ingwerwürfel, Ingwersirup)
Der Ingwer hat sein exotisches Image längst überwunden und findet zunehmend auch in nicht ausschließlich asiatisch orientierten Gerichten eine Rolle. Wieder sind es die feinen Zugaben, die den besten Effekt ausmachen. Den Sirup verwende ich in feiner Dosis für alle möglichen Sachen vom Braten bis zum Dessert, und die Würfel lassen sich hervorragend als winzige Elemente in Saucen benutzen. Ein Stück Wurzel lässt sich in jeder Flüssigkeit zur kontrollierten Infusion einsetzen.

Pasta, einfache Grundsorten von Spaghetti, Penne, Fusili (Luxus-Jahrgangspasta von besten italienischen Erzeugern)
Die Empfehlung von drei Sorten hat ganz einfache Gründe. Die Sorten nehmen unterschiedlich viel von einer etwaigen Sauce auf. Sie werden wissen, dass die Spaghetti oft nur ganz schwach von Sauce ummantelt werden. Penne und vor allem die gedrehten Fusili nehmen dagegen sehr viel Sauce auf und ermöglichen so einen ganz anderen Akkord als die Spaghetti. Die recht teuren Luxusnudeln sind tatsächlich ihr Geld wert. Die besten von ihnen schmecken wunderbar nach Getreide und können schon pur mit etwas Butter und altem Parmesan (siehe oben) ein großer Genuss sein. Sie erzeugen übrigens ein ganz anderes Pasta-Bild als selbst die frisch gemachte Pasta – sind also eine echte Alternative dazu. Für die selber gemachte Pasta braucht man ja nicht viel (siehe oben unter Mehl). Es empfiehlt sich aber die Kombination mit gutem

Olivenöl, gutem Parmesan am Stück oder auch etwas Olivenpüree, Püree von getrockneten Tomaten oder ein Artischockenpüree.

Pasta plus ein paar Zutaten können mit etwas Routine eine ganz erstaunlich gute Qualität bekommen.

Schokolade, Bitterschokolade einer guten Herkunft (Valrhona, Guanaja oder Manjari)

Schokolade hat nicht nur eine Bedeutung für den Dessert-Bereich, also als Basis für Mousse au chocolat, einen schönen Kakao oder diverse Kuchen und Saucen. Es ist durchaus nicht extravagant, wenn man zum Beispiel ein wenig Schokolade in dunklen Saucen auflöst. Diese Technik hat Tradition und liefert nicht etwa einen „Schokoladengeschmack", sondern eine sehr schön verfeinerte, herbe Note.

Zwiebeln, Knoblauch, normale Zwiebeln, Schalotten (weitere Sorten wie rote Zwiebeln oder die kleinen weißen Straßburger Zwiebeln)

Für ernsthaftes Kochen, bei dem Saucen klassisch aufgebaut werden oder mit Schmorgemüse und Fonds gearbeitet wird, sind die Zwiebeln unverzichtbar. Sie können in extremen Formen eingesetzt werden, also etwa von stark gerösteten Zwiebeln bis zu einer Zwiebelmarmelade oder Zwiebelkompott mit diversen anderen Aromen. Im Zweifelsfalle habe ich zumindest Schalotten im Haus, weil sie sich mit mehr Aromen gut vertragen als die großen Gemüsezwiebeln.

Senf, normaler mittelscharfer Senf (spezielle Sorten mit individuellem Geschmack – meist aus kleinen Betrieben)

Der Senf ist eines der ältesten Aromen in der bürgerlichen Küche und entsprechend vielfältig einzusetzen. Auch beim Senf empfiehlt sich der Einsatz in allen möglichen Varianten, von der Senfsauce über das Bestreichen von Fleisch bis zu feinster Abstimmung von Saucen. Ich empfehle für die Küche Dijon-Senf, weil er nicht so scharf ist wie die meisten deutschen Senfzubereitungen. Die individuellen Senfsorten warten noch auf ihre Entdeckung. Sie schmecken ungleich viel komplexer und dürfen beim Essen ruhig „durchschmecken".

Materialsammlung II: Gute Bücher

Vorbemerkung: Im Kapitel über Bücher S. 112 habe ich einige grundsätzliche Dinge zur Bedeutung der Kochschulen und -bücher gemacht. Hier nun eine kleine kommentierte Auswahl von empfehlenswerten Veröffentlichungen. Aus Qualitätsgründen finden sich hier fast ausschließlich Werke von hervorragenden Köchen, die in ganz unterschiedlicher Weise interessant sind. Die einen sind eher Nachschlagewerke für grundsätzliche Informationen von Produkten über Techniken bis zu Grundzubereitungen und Musterrezepten, die anderen bieten gewisse Vorteile in der Genauigkeit der Beschreibung, und wieder andere machen einfach Spaß wegen der Originalität und Vielfalt der Ideen. Sie alle aber können einen kleinen, wichtigen Beitrag zu dem Mosaik „kulinarische Intelligenz" leisten. Ein nicht zu umgehendes Problem ist die Sprache. Es ist leider so, dass bei weitem nicht alle guten Bücher ins Deutsche übersetzt werden. Etwas Sprachkenntnis gehört in diesem Fach eben auch dazu.

Noch eine Anmerkung: Die Reihenfolge der Bücher ist keine Rangfolge. Aus praktischen Gründen beginne ich mit Nachschlagewerken in deutscher Sprache.

Anne Willan, Die Große Schule des Kochens, Christian Verlag, München 1990/1996.
Ein Standardwerk für Anfänger und Fortgeschrittene, in dem in sehr sachlicher und informativer Art alles rund ums Kochen erklärt wird. Es gibt ausführliche Produktinformationen, Garzeiten, Einkaufstipps, Nährstoffgehalt oder Listen mit typischen Gerichten zu jedem Produkt. Alles ist illustriert, und zwar meist mit Step-by-Step-Abbildungen. Die Qualität der Informationen ist erfreulich professionell und weicht deutlich von allerlei anderen Küchenratgebern ab. Die stilistische Orientierung ist eher klassisch, und die vergleichsweise geringe

Zahl von komplett abgedruckten Rezepten soll nur als Beispiel dienen. Hier geht es vor allem um das „Wie“.

Die große Teubner Küchenpraxis, Kochtechnik, Warenkunde, Grundrezepte, Teubner/Gräfe und Unzer, München 2002.
Im Vergleich zum Buch von Anne Willan ist die „Küchenpraxis“ auf den ersten Blick etwas stärker auf den Gebrauchswert für den Hobbykoch zugeschnitten. Es gibt noch mehr Bilder von Produkten und noch mehr Step-by-Step-Aufnahmen zu den Kochtechniken. Der Vorteil ist eine wesentlich größere Anzahl von Rezepten, der Nachteil eine weniger professionelle Detailinformation. Man sollte in diesem Zusammenhang aber daran denken, dass die „professionellen“ Informationen nicht unbedingt schwierig oder überflüssig sind, sondern einfach tiefer gehen. Die Rezepte sind stilistisch nicht immer ganz auf der Höhe der Zeit und eher klassisch orientiert. Trotzdem ist das Buch sehr gut zu gebrauchen.

Dieter Müller, Einfach und Genial – Die Aromenküche des Meisterkochs, DuMont monte Verlag, Köln 2002.
Viele Meisterköche beschränken sich darauf, ihre wichtigsten Rezepte in möglichst opulenten Büchern zu veröffentlichen. Drei-Sterne-Koch Dieter Müller ist da eine der wenigen Ausnahmen. Mit diesem Buch kann man durchaus ein wenig in die Nähe seines Geschmacksbildes kommen, auch wenn es nicht ganz so einfach ist, wie es der Titel behauptet. Am besten beginnt man das Kochen nach Meisterrezepten mit einzelnen Elementen aus den Gerichten und versucht sich dann langsam an den komplexeren Kreationen. Für routinierte Hobbyköche ist das Buch allerdings kein Problem.

Eric Menchon/Vincent Moissonnier, Le Moissonnier, Sterneküche für Zuhause, Kiepenheuer und Witsch, Köln 2001.
„Le Moissonnier“ ist eines der kreativen Kultrestaurants Deutschlands und sieht aus wie ein wunderschönes, historisches Bistro. Das Buch sollte man etwas anders betrachten als die meisten der genannten Titel. Hier geht es vor allem um Einfallsreichtum und Spaß am Ausprobieren ungewöhnlicher Kombinationen und Aromen. Die Rezepte sind meist nicht schwierig und leben ganz eindeutig von den guten Einfällen, die außerdem auch noch eine schöne südfranzösische Handschrift tragen (Eric Menchon ist Provenzale).

Michel Bras, Die Küche des Michel Bras, Phantasie und Perfektion in 85 genialen Rezepten, Christian Verlag, München 2003.
Michel Bras ist einer der wenigen kreativen Weltstars der Branche. Glücklicherweise hat man endlich auch einmal das Buch eines solchen Kreativen ins Deutsche übersetzt, so dass man auch ohne französische Sprachkenntnisse einen Blick auf teilweise avantgardistische Rezepte werfen kann. Man muss es allerdings gleich ganz deutlich sagen: Diese Rezepte sind nur schwierig komplett zu realisieren, weil allein schon die Zutatenfrage bei uns etwas kompliziert werden dürfte. Aber – trotzdem sollte man sich einmal ein sorgfältiges Bild davon machen, was es bei solchen Gerichten zu sehen und zu erleben gilt. Hier geht es um ausgetüftelte Kreationen in einer individuellen Sprache, die mit den Klassikern der Küche nicht mehr viel zu tun hat. Hochinteressant!

Le Grand Dico de ma Cuisine, Minerva, Genf 1999/2004. (in französischer Sprache)
Das Buch erschien ursprünglich unter dem Titel "Trésors de Cuisine. Tous les Produits de A à Z". Aber der Titel täuschte, weil es hier wirklich nicht nur um die Produkte geht, sondern im Zusammenhang damit um fast alles, was dazu zu sagen ist. Der große Unterschied zu der „Teubner Küchenpraxis" ist der, dass sich dieses Buch ganz im französischen Küchenraum bewegt und deshalb konsequent alle Informationen liefert, die dort existieren. Die Breite und Tiefe dieser Informationen ist von erstaunlich lexikalischer Qualität. Dazu gibt es Beispielrezepte wie bei Anne Willan, aber auch z.B. Vorschläge zum richtigen Wein für bestimmte Zubereitungen, und immer wieder Unmengen von sehr guten Tipps und Tricks. Wenn ich mich festlegen müsste, würde ich dieses Buch als das gegenwärtig beste Nachschlagewerk für wirklich Interessierte bezeichnen, das in seiner übersichtlichen Art sogar besser aufgebaut ist, als etwa der berühmte „Larousse gastronomique".

Yannick Masson/Jean-Luc Danjou, La Cuisine Professionelle. Guide des Techniques Culinaires. Éditions Jacques Lanore, Paris 2003. (in französischer Sprache)
Ich hatte schon erwähnt, dass ich eine ganze Anzahl professioneller Kochschulen besitze. Diese hier ist eine der aktuellsten und detailliertesten. Sie gibt einen glasklaren Einblick in die Arbeit in professionellen Küchen und ist im Prinzip wie ein Lehrbuch aufgebaut. Im Gegensatz zu den Büchern für Laien geht es hier viel stärker um klar gegliederte Abläufe in der Herstellung von Gerichten, um Risiken und Schwierigkeiten und um die Erklärung für viele Details, die bei den Amateuren gar nicht erst erwähnt werden. Auf

den ersten Blick kann ein solches Buch abschreckend wirken, weil es in aller Klarheit zeigt, an was man alles denken kann und wie viele Informationen es eigentlich zu Produkten und Techniken gibt. Wer allerdings dazu neigt, sich in etwas wirklich zu vertiefen, wird hier fasziniert sein und das Buch kaum aus der Hand legen.

Leçons de Cuisine Ecole Ritz Escoffier, Hachette, Paris 2004. (in französischer Sprache)
Dieses kompakte Buch ist das Ergebnis einer der renommiertesten französischen Kochschulen für die breite Öffentlichkeit. Die Theorie hält sich in Grenzen, und man beschränkt sich auf klare klassische Kochtechniken und entsprechende Rezepte. Es ergibt sich hier ein glasklarer Querschnitt durch die französische Küche, wobei die Unterteilung nicht nach Produkten gemacht wird, sondern zum Beispiel nach „Atelier Jakobsmuscheln" oder „Atelier Terrinen". Die Rezepte gehen bis zu einem mittleren Schwierigkeitsgrad.

Guy Martin, Toute la Cuisine, Edition Seuil, Paris 2003. (in französischer Sprache)
Der Autor ist Drei-Sterne-Koch im berühmten Pariser Restaurant „Grand Véfour" und hat in dieser wirklich „dicken Schwarte" (1127 Seiten!) mit Plastikeinband ein Buch geschaffen, das „seinen Platz zwischen den Küchengeräten" finden soll. Es enthält keine Bilder und nur minimale Erläuterungen, besticht aber durch eine große Fülle an gut durchdachten und meist nicht zu schwierigen Rezepten für eine wahre Unzahl von Produkten. Eine Fundgrube für echte Küchenpraktiker, die sich darauf verlassen wollen, ohne Probleme immer ein ordentliches Rezept für ihre Einkäufe zu finden.

Joel Robuchon, Les Dimanches de Joel Robuchon, Éditions du Chêne, Paris 1993/1999.
Joel Robuchon, Cuisinez comme un grand chef (Band 1 und 2), TF 1 Éditions, Paris 1997/1998. (in französischer Sprache)
Wenn man Köche und Spezialisten danach fragt, wer denn die besten Köche aller Zeiten sind, kommt unweigerlich auch die Sprache auf Joel Robuchon. Dieser Franzose galt in der Mitte der 90er Jahre allgemein als bester Koch der Welt, bevor er sich im Alter von nur fünfzig Jahren aus dem „aktiven" Geschäft zurückzog, TV-Sendungen machte und diversen anderen kulinarischen Betätigungen nachging. Robuchon gilt vor allem als der beste Techniker, den es je gegeben hat. Das erste Buch war eine Zeitungskolumne, in der er ein Jahr lang Woche für Woche ein Produkt besprochen und ein Rezept dazu gemacht

hat. Sein Wissen ist absolut bestechend, und die Rezepte sind ohne Probleme zu Hause zu realisieren. Es enthält eine unglaubliche Menge an wichtigen Tipps – auch für Profis. Die beiden Taschenbuchbände dokumentieren eine in Frankreich sehr beliebte Fernsehsendung, in der Robuchon jeweils mit einem anderen Spitzenkoch ein Gericht kocht. Die Rezepte sind einfach und sehr präzise. Der Unterschied zu den diversen Fernsehköchen bei uns ist, dass Robuchon den Leuten nichts vorgaukelt, sondern in aller Ruhe eine perfekte Kochtechnik vermittelt. Wenn der Satz „Einfach, aber genial" zutrifft, dann am ehesten auf Robuchon mit seinen Büchern für die häusliche Küche.

Geert van Hecke, Carnet de Cuisine 1 et 2, Uitgeverij Lanoo, Tielt 2003/2004. (in französischer Sprache)
Die beiden Bände haben die Titel „Recettes Simples de la Mer du Nord" und „Recettes Simples de Notre Terroir" und bringen einmal einen ganz anderen Geschmack. Der belgische Drei-Sterne-Koch Geert van Hecke vom „Karmeliet" in Brügge ist ein eigenwilliger Koch, der aus der Schule des französischen Großmeisters Alain Chapel stammt. Es ist faszinierend zu sehen, wie anders eine Küche schmecken kann, wenn man sich mit regionalen Produkten oder den Fischen einer bestimmten Region beschäftigt. Die Rezepte sind für den Hausgebrauch konzipiert und für Hobbyköche kein Problem, haben aber den ganz großen Vorteil, dass sie anders schmecken und immer wieder sehr schöne aromatische Besonderheiten enthalten.

Thomas Keller, The French Laundry Cookbook, Artisan, New York 1999. (in englischer Sprache)
Auch Thomas Keller, der Meisterkoch aus Yountville in Kalifornien, gilt vielen als der beste Koch der Welt. Wie dem auch sei, in diesem Buch hat er etwas gemacht, was quasi kein Koch jemals in einem solchen Umfang versucht hat: Er hat sich bemüht, alle seine Gedanken rund um ein Rezept und die darin verwendeten Produkte zu erläutern. Es wird hier also unglaublich viel erklärt, und der Leser bekommt einen sehr deutlichen Eindruck von der Denkweise eines Spitzenkochs. Darunter sind natürlich auch Unmengen von Tipps und Tricks, so dass dieses Buch wirklich ungewöhnlich nützlich ist und zu den besten Kochbüchern aller Zeiten gehört. Die Rezepte sind übrigens durchaus für Hobbyköche realisierbar und werden eben auch technisch extrem detailliert erklärt.

Die beste Quelle für internationale Bücher ist BuchGourmet in Köln, www.buchgourmet.com.

Statt eines Nachwortes:
Wie ich Gourmet wurde

Eigentlich liegt es mir fern, in diesem Buch größere Mengen von Ereignissen aus meinem Leben zu erzählen. Aber: Ich selber bin ein eklatantes Beispiel dafür, wie man sich in seinem Leben vom Saulus zum Paulus wandeln kann, und das selbst noch in fortgeschrittenem Alter und vorwiegend aus eigenem Antrieb heraus. Heute habe ich die große Ehre, im Feuilleton der Frankfurter Allgemeinen Zeitung eine gastronomische Kolumne schreiben zu dürfen („Geschmackssache", samstags), in der Frankfurter Allgemeinen Sonntagszeitung mache ich seit Jahren Restaurantkritik („Hier spricht der Gast") und diverse andere kulinarische Themen, im Feinschmecker habe ich ebenfalls eine Kolumne für Restaurantkritik („Wiederbesucht") und eine weitere mit sehr spezieller Küchentechnik („Küchengeheimnisse"). Ich bin Mitglied der Deutschen Akademie für Kulinaristik, habe gerade erfolgreich mit dem Schreiben von Büchern begonnen („Geschmacksschule") und kann „hervorragend" kochen (ein Zitat aus dem Pressetext eines Fernsehporträts über mich). Das klingt jetzt sehr nach Eigenlob, ist aber nicht so gemeint. Ich kann – kulinarisch gesehen – manchmal wirklich nur über die Entwicklung staunen und darüber, was das Leben so für Wege gehen kann. Bis etwa zu meinem 35. Lebensjahr habe ich nämlich „gefimmelt", vor allem Hamburger, Frikadellen oder Wiener Schnitzel gegessen und notgedrungen höchstens einmal Kalbfleisch probiert.

Wie ist es also dazu gekommen? Die frühesten Ereignisse, die zu meiner Fimmelei geführt haben, kenne ich nur noch aus Erzählungen. Man hat diese Dinge immer als Grund dafür genannt, dass ich ein so merkwürdig eingeschränktes Essverhalten hatte, und ich fand das auch alles sehr plausibel und hatte mit meinen eingeschränkten Vorlieben ja auch keinerlei Probleme. Meine Großmutter wohnte Anfang der fünfziger Jahre auf einem Bauernhof in Oberhausen-Alstaden im Ruhrgebiet. Als kleiner Junge war ich oft bei ihr zu Besuch und habe dort sehr schön spielen können. Eines Tages hat man eine Gans geschlachtet, mit der ich immer gespielt hatte, und mir das dann beim Essen erzählt. Für die Bauern und ihr meist recht unproblematisches Verhältnis zum Nutzwert von Tieren war so etwas schließlich kein großes Thema. Für mich schon. Seitdem habe ich also erst einmal kein Geflügel mehr angerührt, und das etwa bis zu meinem 35. Lebensjahr. Irgendwie entwickelte sich aus dieser Sache aber auch allgemein ein schlechtes Verhältnis zur Essbarkeit von Tieren – mit einer Ausnahme, die Frikadellen. Diese, so sagte man mir als Kind, kämen aus der Fabrik.

Für mich war die Sache damit erledigt, und Frikadellen wurden in jeder Kombination zu meiner Lieblingsspeise. So gingen die Jahre ins Land, und von heute aus gesehen passierte zumindest im kulinarischen Sektor nicht sehr viel, bis auf eine Kleinigkeit: Ich neigte schon früh dazu, alles mit Butter zu veredeln. Ein ausgesprochenes Lieblingsessen waren etwa Frikadellen mit Rotkohl und Kartoffeln. Ich machte dabei aus den Kartoffeln und dem Rotkohl eine Art Püree und nahm viel Butter dazu. Über die richtigen Proportionen von Butter und Püree hatte ich völlig klare Vorstellungen. Ich konnte auch zwischen der Qualität des Essens bei meiner Mutter und dem bei meiner Großmutter sehr deutlich unterscheiden. Meine Großmutter kochte sehr sauber und sorgfältig. Die Aromen waren klar und gut proportioniert (was man bei den Frikadellen durchaus unterschiedlich vorfinden kann), und alles schmeckte wunderbar zusammen. Heute weiß ich natürlich, warum das so war. Meine Großmutter benutzte keinerlei Tricks, keine Brühwürfel oder industrielle Zutaten, sondern nur das pure Produkt und sonst gar nichts. Die Küche meiner Mutter war sehr unterschiedlich – aber ich fand ja sowieso nur das gut, was ich mochte, und ließ das andere einfach aus. Wenn es Fisch, Geflügel, Fleisch usw. gab, beschränkte ich mich meist darauf, nur die Beilagen, also z.B. Kartoffeln und das Gemüse zu essen. Eine kleine Besonderheit in meinem Verhalten zeigt sich in den ersten Volksschuljahren in Duisburg-Bruckhausen. Gegenüber der Schule hatte Herr Dahlem (ehemals ein sehr guter Schwimmer der deutschen Spitzenklasse) einen Lebensmittelladen, der – wie damals üblich – absolut dem Urbild eines Tante-Emma-Ladens entsprach. In der großen Pause gingen viele Schüler in den Laden und kauften sich Bonbons, die es damals einzeln gab. Ich kaufte etwas anderes: Sauerkraut. Für 10 Pfennig nahm also Herr Dahlem ein Stück Papier in die Hand, griff zu der hölzernen Sauerkrautzange und gab mir eine gute Portion in das Papier. Ich finde das heute ziemlich merkwürdig und kann mir keinen rechten Reim darauf machen, zumal ich keineswegs ein Verächter von Süßigkeiten war (Marzipan in jeder Form, am liebsten pur). Apropos Marzipan. Mit etwa 15 Jahren wollte ich nach meinem Erstinstrument Klavier noch Cello lernen. Mein Musiklehrer am Gymnasium hat mich allerdings davon überzeugt, Kontrabass zu lernen, weil das Schulorchester dringend einen Kontrabassisten brauchte. Ich lernte also Kontrabass, und das mit einem Klassenkameraden zusammen an der Oper in Mönchengladbach. Mein Lehrer dort war übrigens ein ganz junger Bassist namens Klaus Stoll, der wenig später zu den Berliner Philharmonikern ging und einer der besten Bassisten weltweit wurde. Wichtiger war der Klassenkamerad, der aus einer Bäckerei kam. Aus Kostengründen fuhren wir also mit dem Fahrrad von Dülken (am Niederrhein) nach Mönchengladbach und hatten eine ganz besondere Marschverpflegung: einen mindestens pfundgroßen Batzen Rohmarzipan aus dem Vorrat der Bäckerei.

Die ersten kulinarischen „Höhepunkte" gab es aber schon etwas früher ganz am Anfang der 60er Jahre im Zusammenhang mit den ersten Urlaubsfahrten unserer Familie. Mein Vater hatte – anfangs im Bayerischen Wald, danach immer in Flirsch am Arlberg – Ferienwohnungen oder Fremdenzimmer gebucht, und wir aßen meist kalt und auf dem Zimmer. Ein- oder zweimal pro Urlaub (selten mehr) gingen wir in ein Restaurant, wo ich – selbstverständlich – Wiener Schnitzel aß. Immerhin fand ich diese Restaurantbesuche – die ergänzt wurden von den diversen Kleinigkeiten, die man bei Ausflügen in Brauhäusern oder einfachen Restaurants zu sich nahm – immer sehr interessant. In den 60er Jahren kamen am Niederrhein – von Holland kommend – auch die ersten „Pommes-Buden" auf, in denen damals tatsächlich wenig mehr als Pommes frites und ein paar Kleinigkeiten verkauft wurden. Ich gewöhnte mich fast daran, nach der Schule eine kleine Portion Pommes frites mit Senf zu essen. Das war so ungefähr alles, was sich während meiner Schulzeit kulinarisch abgespielt hat. Es gibt allerdings so etwas wie Hintergrundmotivationen, denen ich möglicherweise eine Menge verdanke. Eine stammt von meiner Mutter, die zu höheren Feiertagen immer kleine Menüs mit den klassischen drei Gängen kochte. Das fand ich – unabhängig vom eigentlichen Essen – als solches nicht schlecht. Die andere Hintergrundmotivation waren die Erzählungen meines Vaters, die mich von frühester Kindheit an begleitet haben. Nach dem Essen saßen wir auch an normalen Werktagen oft noch eine ganz Zeit am Tisch, und mein Vater erzählte Dinge aus seiner Kriegsgefangenschaft in Frankreich. Er hatte damals das Glück, als Landwirtschaftshelfer mitten in Frankreich in Chappes-sur-Allier zu arbeiten. Und obwohl ich so wenig verschiedene Sachen aß, war ich völlig fasziniert von den Erzählungen über die ländlich-französische Esskultur, das Baguette zum Essen, die Würste, die Schlachttage und die langen Essen, wenn man einmal etwas mehr Zeit hatte. Insofern war völlig klar, dass mir nach der Schulzeit vor allem Frankreich als erstrebenswertes Reiseziel einfiel. Leider war mein Vater kein besonders praktizierender Feinschmecker, und Folgen seiner Erlebnisse konnte ich auf unserem Tisch nie wirklich entdecken. Seine Weinsammlung bestand höchstens einmal aus zwanzig Flaschen, und die waren schlimmste deutsche Spätlese-Qualitäten aus der Zeit der Nasszuckerung. Als ich nach dem Abitur dann zum Militär kam, war absehbar, dass ich mit dem Kantinenessen größere Schwierigkeiten bekommen würde. In dem halben Jahr der Grundausbildung habe ich 15 Kilo abgenommen. Meine einzige Rettung waren größere Berge Fruchtquark. Es gab aber auch in regelmäßigen Abständen Besuche mit einem Freund im ersten Haus am Platz (der „Krone" in Lüneburg), damals ein schönes altes Restaurant mit dunkler Holzvertäfelung und weiß gedeckten Tischen. Dort saßen wir dann mit einer dicken Zigarre – am Nebentisch mit finsterem Blick auch einmal unser Zugführer mit seiner Familie –, und ich aß – natürlich – Wiener Schnitzel.

Die nächste kulinarische Erfahrung kam nach der Militärzeit. Ich driftete damals mit großer Geschwindigkeit in den Rock- und Hippiebereich ab, sah dementsprechend aus und hatte zum Beispiel Kontakt zu einer Kommune. Dort ging es mit großer Ernsthaftigkeit um asiatische Philosophien und – mindestens genauso akribisch – um asiatisches Essen. Bei den regelmäßigen Fahrten nach Amsterdam landeten wir einige Male in chinesischen oder indonesischen Restaurants und vertilgten extrem scharfe Gerichte von extrem vielfältigen Reistafeln. Man aß, bis einem vor lauter Würze der Schweiß ausbrach. Das fand ich ziemlich beeindruckend und hatte damit auch kaum Probleme, weil man von den diversen Grundprodukten wegen der starken Würze ohnehin nichts schmeckte. Ebenfalls mit großer Geschwindigkeit entwickelte ich mich zum Rockmusiker und hatte bald eine eigene Gruppe, die wenig später den Namen „Wallenstein" bekam. Inzwischen war ich auch auf der Kunstakademie in Düsseldorf und hatte wahrlich andere Dinge im Kopf als das Essen. Mit meiner Gruppe bekam ich bald einen Plattenvertrag und erlebte einen sehr schnellen Aufstieg, der uns auch ins Ausland führte. Bei den diversen Promotionveranstaltungen für die Plattenfirmen und auch auf den Tourneen war ich in einer ganzen Reihe von sehr guten Restaurants, allerdings ohne mich im Mindesten dafür zu interessieren, ob dies nun ein Drei-Sterne-Restaurant war oder nicht. Es war einfach kein Thema für mich, und ich hatte höchstens das Problem, einigermaßen unverfängliche Sachen zu essen, damit ich nicht so als Nicht-Gourmet auffiel. Trotzdem wuchs irgendwo im Hinterkopf das Interesse an gutem Essen, wobei mich allerdings solche Brasserien wie „La Coupole" in Paris mehr interessierten als irgendwelche Restaurants mit goldenen Pfannen an den Wänden, in denen nach der Bestellung von Kalbsgeschnetzeltem gleich mehrere Köche an den Tisch kamen und das Fleisch vor dem Servieren flambierten ... Wenn ich mit meiner Gruppe unterwegs war, wurden allerdings die Hamburger von McDonald's die Basis meiner (und unserer) Verpflegung. Wir schätzten sie vor allem deshalb so besonders, weil es sie überall in gleicher Qualität gab.

Die entscheidende Veränderung ergab sich, nachdem ich 1976 meine Frau kennen gelernt hatte. Jetzt fuhren wir also tatsächlich nach Frankreich und machten gleich so etwas wie eine Tour de France in fünf Wochen. Nur – mit dem Essen änderte sich nach wie vor nicht viel. Wir sind – und das nicht nur aus Kostengründen – nicht ein einziges Mal in ein ordentliches Restaurant gegangen und ernährten uns weitgehend von Cidre, Camembert und Brot. Irgendwann in dieser Zeit habe ich dann zum ersten Mal etwas gekocht, und wenig später verfügte ich über ein Repertoire von drei Gerichten, die vor allem von meinen jüngeren Geschwistern gerne mitgegessen wurden. Da war – natürlich – eine eigene Hamburger-Version, die etwas mehr Gemüse und sehr viel mehr Ketchup hatte als das Original und auf frisch angemachtem Hackfleisch beruhte. Nr. 2 war ein „indisches" Reisgericht, das ich in Erinnerung an die Essen mit der Kommune erfunden hatte. Es bestand aus Gemüse aus der Dose und vor allem unendlich viel Gewürzen und Gewürzmischungen, die ich immer im nahen Holland kaufte. Dieses Gericht war vor allem scharf, man bekam kalte Schweißausbrüche und war hinterher

immer völlig geschafft. Nr. 3 war eine Spaghettisauce von recht über-
sichtlicher Komplexität – ebenfalls mit Dosentomaten und vor allem
sehr viel Parmesan. Zu meinem Stand als Gourmet fallen mir aus dieser
Zeit auch Bilder aus Wimereux an der französischen Kanalküste ein.
Einerseits standen wir manchmal mitten in der Nacht auf, um im nahen
Boulogne die Ankunft der großen Fischtrawler zu bewundern, andererseits aßen wir weiter vor allem Camembert mit Brot und Rotwein. Das
ganze Zimmer stand voller verschiedener Rotweinflaschen, die ich in
Supermärkten gekauft hatte, und zwar ausschließlich danach, ob mir
das Etikett gefiel ... Mon Dieu!

Langsam, aber sicher wuchs allerdings zu dieser Zeit der Druck
meiner Frau auf mich. Sie hatte viel mehr Interesse am Essen als ich
und wäre regelmäßig in Restaurants gegangen. Ich hatte das aber nie
so richtig verstanden und vor allem nicht als ernstes Problem gesehen.
Ein absolutes Schlüsselerlebnis gab es dann einmal in Oostende. Wir
schlenderten entlang der vielen Fischrestaurants am Hafen und blie-
ben immer wieder stehen, um hineinzusehen oder die Speisekarten zu
lesen. Wieder wollte ich nicht hineingehen. Plötzlich fing meine Frau
an zu weinen. In diesem Moment war mir mein ganzes verklemmtes
Verhalten zum Essen unglaublich peinlich, und ich habe mich regel-
recht geschämt. Ich wusste überhaupt nicht mehr, was ich zu der ganzen
Sache sagen sollte, und empfand meinen Zustand plötzlich als einen
ganz wesentlichen Makel, der es mir nicht möglich machte, an einer der
zivilisiertesten Sachen der Welt mitzuwirken.

Von da an ging es bergauf – wenn auch zuerst sehr langsam. Meine
Frau begann, regelmäßig zu Hause kleine Menüs mit einigen wenigen
Gerichten zu kochen, die sie von ihrer Großmutter und Mutter her
kannte. Auch von meiner Mutter besorgte sie sich einige Rezepte, und
so kam ganz langsam etwas Struktur in unser Essen, was nicht zuletzt
daran lag, dass ich nach Auflösung meiner Gruppe (1983) nach vielen
Jahren wieder regelmäßig zu Hause war. Ein wichtiges Problem blieb
allerdings: Ich aß nach wie vor mehr oder weniger nur „unverfängliche"
Sachen, so dass der Speiseplan sehr einseitig blieb. Aber das sollte sich
sehr schnell ändern. Wir waren eines Tages in Riquewihr im Elsass und
hatten von einem Maler mehrere Bilder gekauft. Der Maler – Robert
Martin, genannt „Maraux" – , der wusste, dass ich ein bekannter Rockmusiker gewesen war und auch im nahen Colmar schon ein Konzert
gegeben hatte, lud uns zum Abendessen in seine Wohnung über dem

Postmuseum von Riquewihr ein. Es gäbe seine berühmte Fischsuppe. Ich erstarrte geradezu, mochte aber wegen meiner Frau, seiner Herzlichkeit und natürlich wegen der so peinlich gespannten Lage rund ums Essen bei uns nicht ablehnen. Also erschienen wir abends bei Martin und seiner Lebensgefährtin Astrid Mull (mit der wir noch heute eng befreundet sind, Martin ist leider inzwischen gestorben) zum Essen. Zu meinem allergrößten Schrecken sah ich, dass für die Suppe Garnelen als Einlage vorgesehen waren. Garnelen hatte ich noch nie gegessen, sie waren für mich irgendein Gewürm, das man einfach nicht essen kann. Aber – unter dem sozialen Druck dieser Situation und unter dem Eindruck einer ganz besonderen Atmosphäre der Gastlichkeit habe ich tatsächlich zum ersten Mal in meinem Leben etwas gegessen, das ich für nicht essbar hielt. Es schmeckte … nun ja, jedenfalls nicht wirklich problematisch. Der Abend war schön, ein richtiges französisches Mini-Fest unter guten Freunden. Das Hauptgericht, Berge von Spargel mit Schinken und Mayonnaise, wurde mit den Fingern gegessen, und spätabends kamen noch zwei Winzer mit ein paar Flaschen, um den Rockmusiker zu besichtigen. Was ich nicht ahnte, war, dass an diesem Abend bei mir eine Blockade gelöst wurde, und zwar so nachhaltig, dass ich in kürzester Zeit alles aß, was man überhaupt bekommen konnte. „Unsere" erste Auster aß dann schon nicht mehr meine Frau, sondern ich. Es war in Cancale in der Bretagne, und zu diesem Zeitpunkt war ich schon so weit, dass ich nach der ersten Auster wusste, dass Austern ab sofort ein Hobby von mir werden würden.

Die Folgen für die häusliche Küche waren enorm. Ich hatte mich nicht nur überwunden, sondern interessierte mich plötzlich ganz entscheidend fürs Essen und sogar fürs Kochen. Ich begann, meiner Frau zu helfen, und fing bald schon an, eigene Elemente zu entwickeln.

Unsere Kenntnisse waren allerdings noch sehr gering. Ich erinnere mich daran, dass wir unbedingt eine ordentliche Sahnesauce machen wollten, und zwar schön sämig und nicht so wässrig. Wir bekamen das lange Zeit einfach nicht in den Griff! Heute weiß ich überhaupt nicht mehr, was wir damals eigentlich falsch gemacht haben! Im Laufe der Zeit ergab es sich dann, dass meine Frau immer weniger und ich immer mehr kochte. Mittlerweile koche ich schon seit vielen Jahren quasi immer allein. Meine Frau ist allerdings bis auf den heutigen Tag nicht nur mein bester Gast, sondern im Zweifelsfall auch mein strengster Kritiker. Schon kurz nachdem wir begonnen hatten, uns intensiver mit dem Kochen zu beschäftigen, begannen wir auch, sehr gute Restaurants zu besuchen, und das aus dem einzigen Grund, nämlich um dort etwas zu lernen. Schon das erste so besuchte Restaurant brachte uns allerdings auf die Idee, dass man wohl sofort die Spitzenrestaurants besuchen sollte und nicht jedes Restaurant, das z.b. einen Michelin-Stern hat. In den folgenden Jahren besuchten wir so viele Restaurants wie eben möglich, und zwar grundsätzlich alle Restaurants mit 2 und 3 Michelin-Sternen und 18 bzw. 19 Gault-Millau-Punkten. Waren Restaurants nicht so gut bewertet, gingen wir nur dann hin, wenn es dort irgendetwas Spezielles gab. Zu dieser Art von Studium kam der ziemlich konzentrierte Kauf von Kochbüchern aus aller Welt hinzu. Auch dabei bildete sich schnell ein Schwerpunkt: die Bücher von Spitzenköchen. Ich fing an, diese Bücher und die Erfahrungen aus den Restaurants systematisch auszuwerten, und legte mir eine Kartei an, in die ich die jeweiligen Kochtechniken der Meisterköche eintrug. Diese Kartei enthielt also in diversen Punkten das Kochwissen der besten Köche der Welt. Dabei stellte sich unter anderem heraus, dass diese Köche bei weitem nicht einer Meinung waren, sondern von Garzeiten bis hin zu Produktqualitäten sehr unterschiedliche Fakten lieferten. Es war also für mich nötig, in eigenen Versuchen herauszufinden, was ich denn für die beste Lösung hielt. So ging das immer hin und her, und ich erfand laufend neue Rezepte. Einige davon koche ich heute noch, andere entstanden in Zeiten einer etwas verkrampften Kreativität und waren schlicht und einfach überflüssige Schnellschüsse. Je präziser es gelang, neue Ideen vorauszudenken, desto besser waren sie dann meist. Zum Training kochte ich damals für Freunde und Bekannte große Menüs, die teilweise über zehn Gänge enthielten und immer eine Sache von drei Tagen waren: einen Tag Vorbereitung, einen Tag kochen, einen Tag aufräumen (siehe im Kapitel „Kochen für Gäste" S.62). Es war manchmal wirklich anstrengend, und ich sagte schon damals zu unseren Gästen, dass ich solche Geschichten wohl nicht immer durchhalten könnte. Heute habe ich für so große Menüs einfach keine Zeit mehr. Es hat uns übrigens kaum interessiert, ob wir auch eine Gegeneinladung erhielten. Sinn der Sache war wirklich das Essen als faszinierendes Erlebnis. Ganz abgesehen davon gab es auch so gut wie keine Gegeneinladungen. Wenn wir dann aber wieder einluden, kamen immer alle gleich sofort ... Die Zeit für diese Aktivitäten hatte ich übrigens deshalb, weil ich zu Hause gearbeitet habe, in den 80er Jahren teilweise noch als Komponist mit einem kleinen Tonstudio zum Aufnehmen meiner Stücke, in den 90er Jahren dann wieder als Maler. Das Kochen war in beiden Fällen eine willkommene Abwechslung.

Zum Schreiben und all dem, das sich daraus entwickelt hat, kam ich übrigens vollständig zufällig. Nie im Leben hatte ich die Absicht, über Essen oder das Kochen zu schreiben. Der Zufall war in diesem Falle ein langer Brief an den ehemaligen Capital-Herausgeber Johannes Gross, der für die FAZ diverse Notizen veröffentlichte und auch ein Vorwort zu dem Kochbuch von Harald Wohlfahrt aus dem Jahre 1998 geschrieben hatte. Ich fand dieses Vorwort merkwürdig uninspiriert und habe mich in einem langen Brief an ihn darüber beschwert. Dieser Brief war nicht nur Kritik an der Kritik, sondern legte auch einige meiner Ansichten über dies und das dar. Völlig überraschend kam eine Antwort, in der mir Johannes Gross empfahl, doch in Zukunft über Essen zu schreiben. Er legte auch gleich quasi ein Empfehlungsschreiben an die „Welt" bei, deren Chef damals der heutige Springer-Chef Mathias Döpfner war. Der zuständige Redakteur fand meine Schreibweise allerdings zu kompliziert und lehnte ab. Wenig später kam dann – ebenfalls völlig überraschend – ein Angebot der FAZ, ab und zu etwas für die „Stil"-Seite des Feuilletons zu schreiben. Nach einem noch recht ruhigen ersten Jahr wurde alles sehr schnell umfangreicher und nahm das Ausmaß an, das ich am Anfang beschrieben habe.

Ich habe mich dann entschieden, diesen Weg einzuschlagen und mich auch voll darauf zu konzentrieren. Heute mache ich kaum noch Musik und male auch nicht mehr – dazu fehlt einfach die Zeit. Auf der anderen Seite steht allerdings ein ausgesprochen vielfältiger und spannender Beruf, der eine große Spannbreite von journalistischer Berichterstattung bis hin zu kreativer Arbeit umfasst – nicht zu vergessen den dauernden Kampf um Qualität, der an jeder Stelle stattfindet, die etwas mit Essen zu tun hat.

Über den Autor

Geboren in Oberhausen im Ruhrgebiet, Abitur, Militärzeit, Studien der Kunst, Musik und Philosophie an der Kunstakademie Düsseldorf und den Universitäten Köln und Düsseldorf. Von 1970 bis 1983 professioneller Rockmusiker, Aufnahmen für BASF, RCA, EMI. Weiter als Autor und Produzent. 1988 Rückkehr zur Malerei. Zunehmendes Interesse am Kochen seit etwa 1983. Nach einem Briefwechsel von Johannes Gross zum Schreiben über Essen aufgefordert. Seit 1999 Arbeit für die *FAZ*, etwas später dann auch *FAS* und *Der Feinschmecker*. Ab 2005 Autor von kulinarischen Büchern für den *Tre Torri Verlag*.

Kolumnen / Serien / feste Plätze:
„Geschmackssache" samstags im Feuilleton der *FAZ*
„Hier spricht der Gast" *FAS*
„Wiederbesucht" *Der Feinschmecker*
„Küchengeheimnisse" *Der Feinschmecker*

Bücher:
„Geschmacksschule" *Tre Torri Verlag*
„Kulinarische Intelligenz" *Tre Torri Verlag*

Jürgen Dollase ist Mitglied der Deutschen Akademie für Kulinaristik/ German Academy for Culinary Studies. Informationen über das aktuelle Seminarprogramm finden Sie unter www.kulinaristik.de.